CEDU(쎄듀)는 A **C**omprehensive **E**nglish e**DU**cation(종합적 영어교육)의 약자입니다.

펴낸이 김기훈 김진희

펴낸곳 ㈜쎄듀/서울시 강남구 논현로 305 (역삼동)

발행일 2018년 5월 4일 초판 1쇄

내용 문의 www.cedubook.com

구입 문의 영업본부

　　　　　Tel. 02-6241-2007

　　　　　Fax. 02-2058-0209

등록번호 제22-2472호

ISBN 978-89-6806-113-4

교과서 지식으로 영문 독해를 자신 있게!

리딩 릴레이

READING RELAY

CHALLENGER

저자

김기훈 現 ㈜ 쎄듀 대표이사
　　　　現 메가스터디 영어영역 대표강사
　　　　前 서울특별시 교육청 외국어 교육정책자문위원회 위원
　　　　저서　천일문 〈입문편 · 기본편 · 핵심편 · 완성편〉 / 천일문 GRAMMAR
　　　　　　　첫단추 BASIC / 어법끝 / 문법의 골든룰 101 / Grammar Q
　　　　　　　어휘끝 / 쎄듀 종합영어 / 절대평가 PLAN A / 구문현답 / 유형즉답
　　　　　　　The 리딩플레이어 / 빈칸백서 / 오답백서 / 리딩 플랫폼 / 거침없이 Writing
　　　　　　　첫단추 모의고사 / Sense Up! 모의고사 / Power Up! 모의고사
　　　　　　　수능실감 EBS 변형 FINAL 모의고사 등

박정애 쎄듀 영어교육연구센터 선임연구원
　　　　저서　천일문 〈완성편〉 / 어휘끝 5.0 / 쎄듀 종합영어
　　　　　　　Power Up! 모의고사 〈듣기〉 / 오답백서 / 구문현답 / 리딩 플랫폼
　　　　　　　절대평가 PLAN A 〈구문어법〉 / 첫단추 BASIC 〈독해편〉 등

장혜승 쎄듀 영어교육연구센터 연구원
　　　　저서　초등코치 천일문 시리즈

마케팅	민혜정, 문병철, 장은비
영업	공우진, 문병구
제작	정승호
인디자인 편집	올댓에디팅
표지 디자인	윤혜영, 이연수
내지 디자인	PINT Graphics, 이연수
일러스트	바니모모, 그림숲
영문교열	Eric Scheusner

Preface

중등 독해 〈리딩 릴레이〉 시리즈를 펴내며

중등 독해, 무엇을 어떻게 읽어야 할까?

아이들은 짧고 재미있는 이야기를 읽기 시작해 점차 다양한 성격의 글을 접하게 됩니다. 하지만 학년이 올라가면서 영어에만 투자할 수 있는 시간이 점차로 줄어들기 때문에 무조건 많은 양의 읽기로 독해력을 키우는 것이 현실적으로 어렵습니다. 즉 학습할 과목이 늘어나는 중학교 시기에는 무작정 많고 다양한 글을 읽기보다 효과적이고 효율적인 읽기에 초점이 맞춰져야 합니다.

초등학교 때와 달리 중학교에서는 문법이 강조되고, 이후 고등학교에서는 그동안 쌓아온 어휘와 문법을 적용하여 빠르게 지문을 읽고 정확하게 내용을 파악하는 능력이 요구됩니다. 따라서 중학교 때 기본 어휘를 익히고 학습한 문법을 응용하여 글을 읽는 능력을 키우는 것이 중요합니다.

이를 위하여 본 시리즈는 효율적인 독해 학습을 위해 교육부가 지정한 필수 어휘와 교과 과정에 등장하는 소재를 바탕으로 한 지문들로 구성하였습니다. 또한, 중학교 교과목 내용과 관련된 배경 지식을 쌓으면서 영어 지문의 이해도를 높이고, 독해의 부담을 줄일 수 있도록 설계하였습니다.

❶ 탄탄한 어휘력은 효율적인 학습의 시작입니다.

어휘 학습은 글의 이해를 도와주는 중요한 역할을 합니다. 〈리딩 릴레이〉 시리즈는 교육부에서 지정한 필수 어휘 중 교과서에서 빈출되는 어휘와 주요 표현들을 지문 속에서 자연스럽게 학습하여 어휘력과 독해 실력을 동시에 쌓을 수 있습니다.

❷ 배경 지식 활용이 이해의 바탕이 됩니다.

중학교 교과목을 바탕으로 소재를 선정하여 관련되는 우리말 배경 지식을 쌓은 후, 이어지는 내용을 영어 지문으로 읽음으로써 조금 더 친근하게 영어 지문에 다가갈 수 있도록 구성하였습니다. 이렇게 쌓인 배경 지식은 또 다른 영어 지문을 대할 때도 이해력과 자신감을 높여주고 나아가 다른 교과목의 학습에도 시너지를 낼 수 있으리라 생각합니다.

효율적인 독해 학습을 돕는 〈리딩 릴레이〉 시리즈를 통해 학습 부담을 줄이고 교과 과정에 흥미를 더해줄 지식을 쌓으면서 독해의 즐거움을 느낄 수 있기를 바랍니다.

저자

Preview

〈리딩 릴레이〉의 구성과 특징

이 시리즈는 다음과 같이 구성되어 있습니다.

❶ 어휘와 배경 지식을 먼저 접하여 효과적인 독해 학습이 되도록 구성하였습니다.

❷ 영어 독해 실력 향상을 목표로 하는 학생뿐 아니라 영어 독해에 대해 두려움이나 거부감을 가진 학생들을 위한 책으로
지문 관련 내용과 좀 더 친숙해질 수 있습니다.

01 Chapter Preview

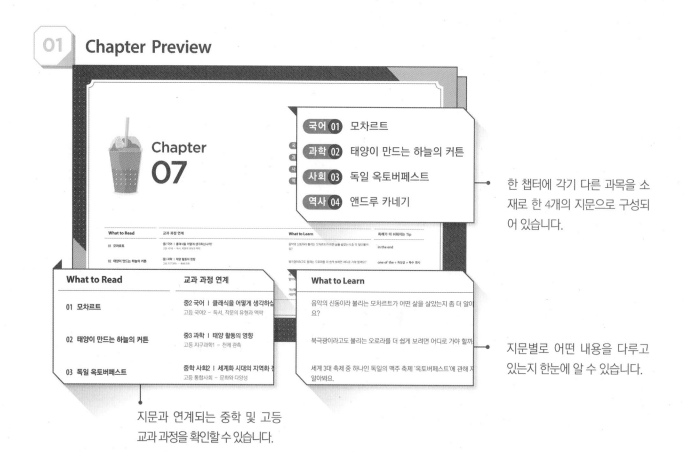

Chapter **07**

국어 01	모차르트
과학 02	태양이 만드는 하늘의 커튼
사회 03	독일 옥토버페스트
역사 04	앤드루 카네기

한 챕터에 각기 다른 과목을 소재로 한 4개의 지문으로 구성되어 있습니다.

What to Read	교과 과정 연계	What to Learn	독해가 더 쉬워지는 Tip
01 모차르트	창작 국어 I 클래식을 어떻게 생각하시나요?	음악의 신동이라 불리는 모차르트가 어떤 삶을 살았는지 좀 더 알아봐요.	in the end
02 태양이 만드는 하늘의 커튼	중3 과학 I 태양 활동의 영향	북극광이라고도 불리는 오로라를 더 쉽게 보려면 어디로 가야 할까요?	one of the + 최상급 + 복수 명사

What to Read	교과 과정 연계
01 모차르트	중2 국어 I 클래식을 어떻게 생각하십니까 고등 국어2 – 독서, 작문의 유형과 맥락
02 태양이 만드는 하늘의 커튼	중3 과학 I 태양 활동의 영향 고등 지구과학1 – 천체 관측
03 독일 옥토버페스트	중학 사회2 I 세계화 시대의 지역화 전략 고등 통합사회 – 문화와 다양성

What to Learn

음악의 신동이라 불리는 모차르트가 어떤 삶을 살았는지 좀 더 알아요?

북극광이라고도 불리는 오로라를 더 쉽게 보려면 어디로 가야 할까

세계 3대 축제 중 하나인 독일의 맥주 축제 '옥토버페스트'에 관해 지 알아봐요.

지문별로 어떤 내용을 다루고 있는지 한눈에 알 수 있습니다.

지문과 연계되는 중학 및 고등 교과 과정을 확인할 수 있습니다.

교육부 지정 중학 필수 어휘

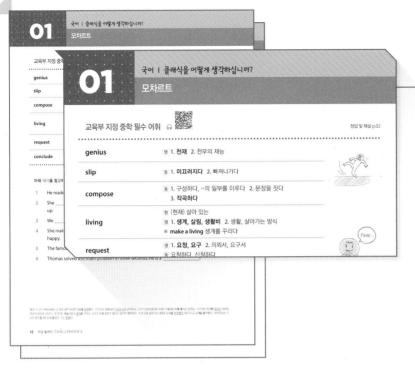

교육부에서 지정한 필수 어휘로, 중학교 교과서에 빈출되는 것 위주로 수록하였습니다.

또한, 휴대폰을 통해 QR코드를 인식하여 교육부 지정 중학 필수 어휘의 MP3 파일을 들을 수 있습니다.

START READING!

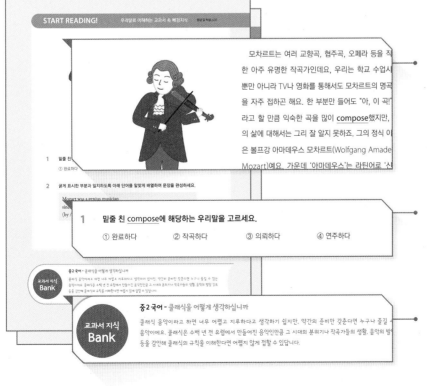

우리말로 가볍게 지문 관련 배경지식을 먼저 읽어보세요. 뒷 페이지에 이어지는 영어 지문을 자신 있게 읽어 내려갈 수 있습니다.

일치/불일치, 어휘, 영작 등의 문제를 통해 우리말 배경지식에 등장한 내용 및 필수 어휘를 확인해보세요.

[교과서 지식 Bank]를 통해 해당 과목 교과서 관련 내용을 읽어볼 수 있습니다.

KEEP READING!

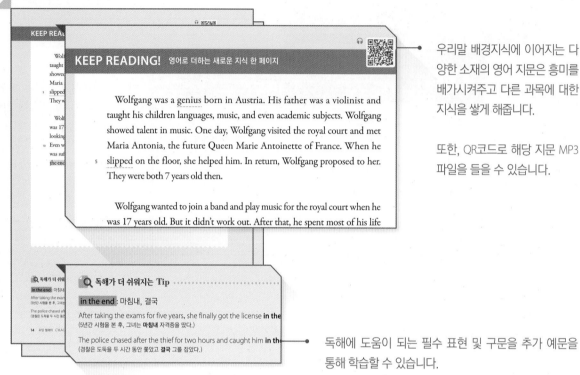

KEEP READING! 영어로 더하는 새로운 지식 한 페이지

Wolfgang was a genius born in Austria. His father was a violinist and taught his children languages, music, and even academic subjects. Wolfgang showed talent in music. One day, Wolfgang visited the royal court and met Maria Antonia, the future Queen Marie Antoinette of France. When he slipped on the floor, she helped him. In return, Wolfgang proposed to her. They were both 7 years old then.

Wolfgang wanted to join a band and play music for the royal court when he was 17 years old. But it didn't work out. After that, he spent most of his life

🔍 **독해가 더 쉬워지는 Tip**

in the end : 마침내, 결국

After taking the exams for five years, she finally got the license **in the end**.
(5년간 시험을 본 후, 그녀는 **마침내** 자격증을 땄다.)

The police chased after the thief for two hours and caught him **in the end**.
(경찰은 도둑을 두 시간 동안 쫓았고 **결국** 그를 잡았다.)

우리말 배경지식에 이어지는 다양한 소재의 영어 지문은 흥미를 배가시켜주고 다른 과목에 대한 지식을 쌓게 해줍니다.

또한, QR코드로 해당 지문 MP3 파일을 들을 수 있습니다.

독해에 도움이 되는 필수 표현 및 구문을 추가 예문을 통해 학습할 수 있습니다.

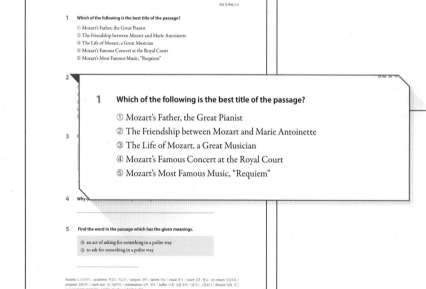

1   Which of the following is the best title of the passage?

① Mozart's Father, the Great Pianist
② The Friendship between Mozart and Marie Antoinette
③ The Life of Mozart, a Great Musician
④ Mozart's Famous Concert at the Royal Court
⑤ Mozart's Most Famous Music, "Requiem"

글의 내용과 흐름을 파악할 수 있도록 구성된 여러 유형의 문제를 통해 지문 이해도를 확인해보세요.

5   Find the word in the passage which has the given meanings.

ⓐ an act of asking for something in a polite way
ⓑ to ask for something in a polite way

Austria 오스트리아 / academic 학업의, 학교의 / subject 과목 / talent 재능 / royal 왕의 / court 궁중, 왕실 / in return 보답으로 / propose 청혼하다 / work out ~을 해결하다 / masterpiece 걸작, 명작 / suffer (고통, 질병 등을) 시달리다, 고통받다 / disease 질병, 병 / accept (기꺼이) 받아들이다, 수락하다 / in the end 마침내, 결국

CHAPTER 07   **15**

별책 부록 – 단어 암기장

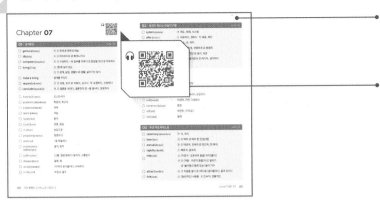

별책 부록으로 단어 암기장이 함께 제공됩니다. 중학 필수 어휘와 지문에 나온 주요 어휘들을 수록하였습니다.

QR코드를 통해 단어 MP3 파일을 들을 수 있습니다.

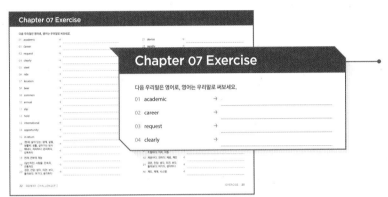

학습한 단어 의미를 복습하면서 어휘력을 기를 수 있습니다.

무료 부가서비스

1. 어휘리스트

2. 어휘테스트

3. 직독직해 연습지

학습을 돕는 부가서비스 자료들을 활용하여 복습할 수 있습니다.

무료 부가서비스 자료는 www.cedubook.com에서 다운로드 가능합니다.
1. MP3 파일 2. 어휘리스트 3. 어휘테스트 4. 어휘출제프로그램 5. 직독직해 연습지

Contents

Chapter
07

What to Learn

음악의 신동이라 불리는 모차르트가 어떤 삶을 살았는지 좀 더 알아볼까요?

북극광이라고도 불리는 오로라를 더 쉽게 보려면 어디로 가야 할까요?

세계 3대 축제 중 하나인 독일의 맥주 축제 '옥토버페스트'에 관해 자세히 알아봐요.

가난했던 이민자 앤드루 카네기는 어떻게 역사상 두 번째로 가장 부유한 사람이 되었을까요?

독해가 더 쉬워지는 Tip

in the end

one of the + 최상급 + 복수 명사

turn A into B

in need

교육부 지정 중학 필수 어휘 🎧

정답 및 해설 p.02

genius	명 1. **천재** 2. 천부의 재능
slip	동 1. **미끄러지다** 2. 빠져나가다
compose	동 1. 구성하다, ~의 일부를 이루다 2. 문장을 짓다 3. **작곡하다**
living	형 (현재) 살아 있는 명 1. **생계, 살림, 생활비** 2. 생활, 살아가는 방식 ※ **make a living** 생계를 꾸리다
request	명 1. **요청, 요구** 2. 의뢰서, 요구서 동 요청하다, 신청하다
conclude	동 1. 결론을 내리다, 결론짓다 2. **~을 끝내다, 완료하다**

아래 해석을 참고하여 다음 각 빈칸에 적절한 단어를 위의 목록에서 골라 쓰세요. (동사의 시제와 명사의 수에 유의)

1   He made a _____ to the seller for detailed information about the car.

2   She _____ on the ice and fell. She was bleeding from her knees when she got up.

3   We _____ the meeting and went out for lunch.

4   She makes her _____ as an artist. She doesn't make enough money, but she is happy.

5   The famous artist _____ a new song. Everyone loved the song.

6   Thomas solved this math problem in three seconds. He is a _____!

해석 **1** 그는 판매자에게 그 차에 대한 자세한 정보를 요청했다. **2** 그녀는 얼음에서 미끄러져서 넘어졌다. 그녀가 일어났을 때 그녀는 무릎에서 피를 흘리고 있었다. **3** 우리는 회의를 끝내고 점심을 먹으러 밖으로 나갔다. **4** 그녀는 예술가로서 생계를 꾸린다. 그녀는 돈을 충분히 벌지는 않지만 행복하다. **5** 그 유명 음악가는 새로운 노래를 작곡했다. 모두 그 노래를 좋아했다. **6** 토마스는 이 수학 문제를 3초 안에 풀었다. 그는 천재다!

모차르트는 여러 교향곡, 협주곡, 오페라 등을 작곡한 아주 유명한 작곡가인데요, 우리는 학교 수업시간뿐만 아니라 TV나 영화를 통해서도 모차르트의 명곡들을 자주 접하곤 해요. 한 부분만 들어도 "아, 이 곡!"이라고 할 만큼 익숙한 곡을 많이 **compose**했지만, 그의 삶에 대해서는 그리 잘 알지 못하죠. 그의 정식 이름은 볼프강 아마데우스 모차르트(Wolfgang Amadeus Mozart)예요. 가운데 '아마데우스'는 라틴어로 '신의 은총'이라는 의미라고 하네요. **모차르트는 아주 어릴 때부터 사람들에게 사랑받는 천재 음악가였지만, 35세라는 젊은 나이에 세상을 떠나고 말았답니다.**

SEE THE NEXT PAGE! »

1 밑줄 친 compose에 해당하는 우리말을 고르세요.

① 완료하다　　② 작곡하다　　③ 의뢰하다　　④ 연주하다

2 굵게 표시한 부분과 일치하도록 아래 단어를 알맞게 배열하여 문장을 완성하세요.

Mozart was a genius musician ＿＿＿＿＿＿＿＿＿＿＿
since he was very young, but he died at the young age of 35.
(by / loved / was / people / who)

교과서 지식 Bank

중2 국어 - 클래식을 어떻게 생각하십니까

클래식 음악이라고 하면 너무 어렵고 지루하다고 생각하기 쉽지만, 약간의 준비만 갖춘다면 누구나 즐길 수 있는 음악이에요. 클래식은 수백 년 전 유럽에서 만들어진 음악인만큼 그 시대의 분위기나 작곡가들의 생활, 음악의 발달 정도 등을 감안해 클래식의 규칙을 이해한다면 어렵지 않게 접할 수 있답니다.

Wolfgang was a genius born in Austria. His father was a violinist and taught his children languages, music, and even academic subjects. Wolfgang showed talent in music. One day, Wolfgang visited the royal court and met Maria Antonia, the future Queen Marie Antoinette of France. When he slipped on the floor, she helped him. In return, Wolfgang proposed to her. They were both 7 years old then.

Wolfgang wanted to join a band and play music for the royal court when he was 17 years old. But it didn't work out. After that, he spent most of his life looking for a job. He didn't have money, but he created many masterpieces. Even when he was sick, he had to compose music to make a living. When he was suffering from a disease, he accepted the request to make "Requiem." In the end, his life concluded at the age of 35 before he could finish the work.

*Requiem 레퀴엠(모차르트가 작곡한 장례 미사곡)

 독해가 더 쉬워지는 Tip ······························

in the end : 마침내, 결국

After taking the exams for five years, she finally got the license **in the end**.
(5년간 시험을 본 후, 그녀는 **마침내** 자격증을 땄다.)

The police chased after the thief for two hours and caught him **in the end**.
(경찰은 도둑을 두 시간 동안 쫓았고 **결국** 그를 잡았다.)

1 **Which of the following is the best title of the passage?**

① Mozart's Father, the Great Pianist

② The Friendship between Mozart and Marie Antoinette

③ The Life of Mozart, a Great Musician

④ Mozart's Famous Concert at the Royal Court

⑤ Mozart's Most Famous Music, "Requiem"

2 **다음 중 이 글의 내용과 일치하지 <u>않는</u> 것을 고르세요.**

① 모차르트의 아버지는 아이들을 직접 가르쳤다.

② 모차르트는 어린 시절 마리 앙투아네트를 만난 적이 있다.

③ 모차르트는 궁전에서 연주하기보다 홀로 작곡을 하고 싶어 했다.

④ 모차르트는 가난한 생활을 했다.

⑤ 모차르트는 마지막 작품을 완성하지 못하고 세상을 떠났다.

3 **다음 빈칸 (A)와 (B)에 공통으로 들어갈 단어를 본문에서 찾아 쓰세요.**

(1) The fish _____(A)_____ out of my hand and swam up the river.

(2) It snowed a lot last night, and many people _____(B)_____ on the icy streets.

_____

4 **Why did Mozart have to compose "Requiem"? Write the answer in Korean.**

_____

5 **Find the word in the passage which has the given meanings.**

ⓐ an act of asking for something in a polite way

ⓑ to ask for something in a polite way

_____

Austria 오스트리아 / **academic** 학업의, 학교의 / **subject** 과목 / **talent** 재능 / **royal** 왕의 / **court** 궁중, 왕실 / **in return** 보답으로 / **propose** 청혼하다 / **work out** ~을 해결하다 / **masterpiece** 걸작, 명작 / **suffer** (고통, 질병 등에) 시달리다, 고통받다 / **disease** 질병, 병 / **accept** (기꺼이) 받아들이다, 수락하다 / **in the end** 마침내, 결국

교육부 지정 중학 필수 어휘 🎧

정답 및 해설 p.04

system	명 제도, 체제, 시스템
offer	동 제공하다, 권하다 명 제공, 제안
location	명 장소, 곳, 위치
clearly	부 1. 또렷하게, 선명하게 2. 분명히
view	명 1. 경관, 전망 2. 생각, 의견 동 1. 보다, 둘러보다 2. 여기다, 생각하다
opportunity	명 기회

아래 해석을 참고하여 다음 각 빈칸에 적절한 단어를 위의 목록에서 골라 쓰세요. (동사의 시제와 명사의 수에 유의)

1   I think I have to change my glasses. I cannot see words on the board _____.

2   You can _____ a beautiful lake from the window of your room.

3   We _____ our guests the best customer service of any hotel.

4   I'm looking for the perfect _____ to put this plant. That small table next to the window would be great.

5   It is important to take a(n) _____ when it comes.

6   The new version of the computer _____ was very easy to use. Also, it was much faster.

해석 1 안경을 바꿔야 할 것 같아. 칠판 글씨를 또렷하게 볼 수 없어.   2 당신은 당신 방의 창문을 통해 아름다운 호수를 볼 수 있다.   3 우리는 고객에게 호텔 업계에서 가장 뛰어난 고객 서비스를 제공한다.   4 나는 이 식물을 놓기에 완벽한 장소를 찾고 있다. 저기 창문 옆에 있는 작은 식탁이 좋을 것이다.   5 기회가 오면 잡는 것이 중요하다.   6 새로운 버전의 컴퓨터 시스템은 사용하기 쉬웠다. 또한, 그것은 훨씬 더 빨랐다.

오로라(Aurora)는 '태양이 만드는 하늘의 커튼' 이라 불리기도 하는데요. 하늘에 드리워진 붉은 색, 녹색, 노란색 등 다양한 색의 커튼 모양 사진 을 본 적이 있을 거예요. 이 오로라의 신비함과 아 름다움을 <u>view</u>할 때 인간이 결코 만들어 낼 수 없 을 것 같다는 생각이 들기도 한답니다. 오로라는 주로 북극에서 볼 수 있어서 '북극광(Northern Lights)'이라고도 해요. 알래스카 **이누이트 족**

(Innuit)의 전설에 따르면, 오로라는 저승에 영혼이 있다는 증거래요. 사람들이 오로라가 여행자들을 최종 목적지까지 안내하는 영혼에게서 나온 빛이라고 믿는다고 하네요.

SEE THE NEXT PAGE! ≫

1   밑줄 친 <u>view</u>에 해당하는 우리말을 고르세요.

① 경험하다   ② 즐기다   ③ 제공하다   ④ 보다, 둘러보다

2   굵게 표시한 부분과 일치하도록 아래 단어를 알맞게 배열하여 문장을 완성하세요.

> According to a legend of the Innuit, the Aurora is _____
> _____ in the underworld. (there /
> that / evidence / souls / are)
>
> *underworld 저승, 지하세계

교과서 지식 Bank

중3 과학 - 오로라 현상

우리 눈에 보이는 태양은 매우 평온한 모습인데요, 망원경이나 지구 밖의 탐사선에서 관측해보면 태양은 매우 격렬한 활동을 하고 있고, 지구에 미치는 영향도 무척 많아요. 오로라 현상도 그중 하나랍니다. 태양에서 온 전기를 띤 입자가 지구 대기와 부딪히면서 빛을 내는데, 그게 바로 오로라 현상이에요.

Alaska, in the U.S., is one of the most popular places to see the Northern Lights because there are more chances to see them there than in any other place. Alaska also has a forecast system for the lights and offers great viewing locations, such as Anchorage and Fairbanks. But to see the Northern Lights
5 clearly, you need to get away from bright city lights and travel into wild areas.

In Sweden, green is the most common Aurora color, and there are some good areas you can visit for Aurora viewing. When you can't see the Aurora, you can still enjoy the dark winter night sky full of stars. Also, there are many fun winter activities, from skiing to reindeer sled tours.

10 You can also view the Aurora in countries like Finland, Iceland, and Canada. From April to August, it's hard to see it because the sun goes down too late. From January to March, if you are ready to wait in the cold, you may get an opportunity to see the Aurora dancing across the sky.

*Northern Lights 북극광

**Anchorage 앵커리지

***Fairbanks 페어뱅크스

****reindeer 순록

🔍 독해가 더 쉬워지는 **Tip** ···

one of the + 최상급 + 복수 명사 : 가장 ~ 중의 하나

This item is **one of the most popular items** in our store.
(이 물건은 우리 상점에서 **가장 인기 있는 제품들 중 하나**이다.)

She became **one of the most famous singers** in Korea.
(그녀는 한국에서 **가장 유명한 가수들 중 한명**이 되었다.)

1 **Which of the following is the best topic of the passage?**

① the many different colors of the Aurora

② great places to view the Aurora

③ great tourist places to visit in winter

④ various kinds of winter activities

⑤ the best time to visit Europe

2 **이 글의 내용과 일치하면 T, 그렇지 않으면 F를 쓰세요.**

(1) 알래스카에는 북극광 예측 시스템이 있다. _____

(2) 북극광을 또렷하게 보기 위해서는 야생 지역으로 가야 한다. _____

(3) 북극광을 볼 수 없는 때는 별빛도 볼 수 없다. _____

3 **Which of the following is NOT mentioned as a place to see the Northern Lights?**

① 미국   ② 스웨덴   ③ 핀란드   ④ 러시아   ⑤ 캐나다

4 **4월에서 8월 사이에 오로라를 보기 어려운 이유를 우리말로 쓰세요.**

_____

5 **Find the word in the passage which has the given meaning.**

a chance to do something or a chance for a better situation

_____

---

popular 인기 있는 / **forecast** 예측, 보고 / **viewing** (풍경 등의) 감상 / **such as** ~와 같은 / **get away from** ~로부터 벗어나다, 도망치다 / **wild** 야생의, 자연 그대로의 / **common** 흔한 / **still** 여전히, 아직(도) / **sled** 썰매

선택지 어휘 1 tourist place 관광지

교육부 지정 중학 필수 어휘 🎧

정답 및 해설 p.06

ceremony	명 식, 의식
beer	명 1. 맥주 2. 맥주 한 잔[병/캔]
annual	형 1. 매년의, 연례의 2. 연간의, 한 해의
rapidly	부 빠르게, 급속히
ride	동 (자전거 · 오토바이 등을) 타다[몰다] 명 1. (차량 · 자전거 등을) 타고 달리기 2. (놀이동산 등에 있는) 놀이 기구
attract	동 1. 마음을 끌다 2. (어디로) 끌어들이다, 끌어 모으다
folk	명 (일반적인) 사람들 형 민속의, 전통적인

아래 해석을 참고하여 다음 각 빈칸에 적절한 단어를 위의 목록에서 골라 쓰세요. (동사의 시제와 명사의 수에 유의)

1 The candy shop ＿＿＿＿＿＿＿ children with many kinds of candies at the event last week.

2 My family goes to see the sunrise every New Year's Day. It's an ＿＿＿＿＿＿＿ event.

3 My grandmother sings ＿＿＿＿＿＿＿ songs like Arirang when she is working in the field.

4 My dog grew so ＿＿＿＿＿＿＿. She was very small a month ago, and now she's the size of a big bag.

5 My father always orders a bottle of ＿＿＿＿＿＿＿ when he eats chicken.

6 Many movie stars came to her wedding ＿＿＿＿＿＿＿ to congratulate her.

7 I don't want to go on that ＿＿＿＿＿＿＿. I felt sick after we took the roller coaster.

해석 **1** 그 사탕 가게는 지난주 행사에서 많은 종류의 사탕으로 아이들을 끌어모았다. **2** 우리 가족은 새해 첫날마다 해돋이를 보러간다. 그것은 연례행사다. **3** 우리 할머니는 들판에서 일하실 때 「아리랑」 같은 민속 노래를 부르신다. **4** 나의 강아지는 매우 빠르게 자랐다. 강아지는 한 달 전에는 매우 작았지만, 지금은 큰 가방 크기이다. **5** 아버지는 치킨을 드실 때 항상 맥주 한 병을 시키신다. **6** 많은 영화배우들이 그녀를 축하해주기 위해 결혼식에 왔다. **7** 나는 저 놀이 기구를 타고 싶지 않아. 우리가 롤러코스터를 탄 후에 나는 속이 메슥거렸어.

여러분들은 아직 마시면 안 되지만, 맥주는 많은 사람들이 즐겨 마시는 음료로 손꼽히는데요. **맥주로 유명한 나라 중 하나가 바로 독일이지요.** 맥주 생산량이 세계 4위를 차지할 만큼 독일 문화에서 맥주는 빼놓을 수 없는 중요한 부분이랍니다. 중세 시대부터 맥주를 생산해 온 독일의 뮌헨(Munich)에서는 매년 옥토버페스트(Oktoberfest)라는 축제가 열리는데요, 9월 말에서 10월 첫째 주까지 약 16~18일 동안 열리는 이 축제에서 사람들이 엄청난 양의 맥주를 마신다고 해요. 어느 해에는 16일 동안 770만 리터의 맥주를 마셨다고 하는데, 그 양을 상상할 수 있나요? 옥토버페스트는 다양한 놀이기구, 게임, 그리고 토속 음식으로 많은 방문객을 끌어들이고 있답니다.

SEE THE NEXT PAGE! »

1 굵게 표시한 부분과 일치하도록 아래 단어를 알맞게 배열하여 문장을 완성하세요.

Germany is _____ that is famous for beer. (one / the / countries / of)

2 이 글의 내용과 일치하도록 아래 빈칸에 적절한 단어를 고르세요.

Oktoberfest _____ visitors with amusement rides, games, and traditional foods.

① attracts   ② flavors   ③ traditions

교과서 지식 Bank

중학 사회2 - 지역화 전략

지역화 전략은 경제적·문화적 측면에서 다른 지역과 차별화할 수 있는 계획을 마련하는 것을 말해요. 성공적인 지역화 전략을 추진하면 다른 지역과 차별화된 이미지를 만들고 관광 산업을 발전시킬 수 있답니다. 또 지역에서 생산되는 상품을 적극적으로 홍보하여 판매량을 늘리고 이를 바탕으로 새로운 산업을 성장시킬 수도 있어요.

Oktoberfest started on October 12, 1810. It was the wedding day of Crown Prince Ludwig I and Princess Therese. After the ceremony, they had a horse race. The horse race was very popular, so they held it the next year, too. In 1818, they started to sell beer for the first time and in 1819,
5 the city of Munich decided to make Oktoberfest an annual festival. And then, Oktoberfest grew rapidly. Many beer companies in Munich joined the festival and provided bands and plays. They started to have more shops and amusement rides to attract visitors. But as Germany became the center of World War I and II, the festival stopped for several years. In 1949, the people
10 of Munich started the festival again. After the 2000s, Oktoberfest became the world's largest beer festival.

This German folk festival has now become one of the largest festivals in the world. About 6 million people from around the world visit Munich each year. We can learn from Oktoberfest that a good mix of tradition and international
15 flavor can turn a folk festival into something popular among people all around the world.

 독해가 더 쉬워지는 **Tip** ••

turn A into B : A를 B로 바꾸다

The magician **turned a rose into a dove**.
(마술사는 장미를 비둘기로 변신시켰다.)

1 **Which of the following is the best topic of the passage?**

① 독일 사람들이 맥주를 마시는 이유

② 독일 맥주가 몸에 좋지 않은 이유

③ 옥토버페스트의 역사와 발전

④ 인기 있는 축제들의 공통점

⑤ 세계의 다양한 맥주를 접하는 방법

2 **Which of the following is NOT true according to the passage?**

① The festival had horse races in the beginning.

② The festival started with a royal wedding.

③ The festival is held once every two years.

④ The visitors can enjoy bands and plays.

⑤ The festival got bigger and better with more shops and rides.

3 **Which of the following has the same meaning as "folk(s)" in the paragraph?**

(a) The folk I met in the city were very smart.

(b) I went to the American folk museum last week.

4 **뮌헨 사람들이 1949년까지 몇 년간 축제를 중단한 이유를 고르세요.**

① 도시에 남은 맥주가 더 이상 없었기 때문에

② 독일에서 더 이상 맥주를 생산하지 않았기 때문에

③ 축제의 인기가 사그라졌기 때문에

④ 독일이 전쟁에 참여했기 때문에

⑤ 미국의 맥주 축제가 옥토버페스트보다 인기가 많아졌기 때문에

5 **다음 영영 뜻풀이에 해당하는 단어를 이 글에서 찾아 쓰세요.**

happening once every year

---

crown prince (일부 국가에서) 황태자[왕세자] / horse race 경마, 말 달리기 시합 / popular 인기 있는, 대중적인 / hold (회의·시합 등을) 열다, 개최하다 / festival 축제 / provide 제공하다, 공급하다 / play 연극 / amusement 오락, 놀이 / center of ~의 중심지 / World War I 1차 세계 대전 / several (몇)몇의 / million 100만 / mix 결합, 혼합 / tradition 전통 / international 국제적인 / flavor 특징, 특색 / among (셋 이상의) 사이에

04

교육부 지정 중학 필수 어휘

정답 및 해설 p.08

career	명 1. 직업 2. **사회생활, 경력**
duty	명 **의무, 업무**
device	명 (기계적) **장치**
manage	동 1. 해내다, 처리하다 2. **관리하다, 감독하다**
notice	동 1. **알아채다, 인지하다** 2. 주목하다 명 1. 통지, 통보 2. 주의, 주목
steel	명 1. **철, 강철** 2. 철강업
support	동 1. 지지하다, 응원하다 2. **후원하다, 지원하다** 명 지지, 지원

아래 해석을 참고하여 다음 각 빈칸에 적절한 단어를 위의 목록에서 골라 쓰세요. (동사의 시제와 명사의 수에 유의)

1 The difference between those two pictures is very small. I didn't _____ it.

2 We use this small _____ to measure temperature.

3 A rich man _____ poor children in the village until he died.

4 This car is made with the strongest _____.

5 She _____ this project from the start to the end. It took a lot of her effort.

6 He started his _____ as an actor, and now he is a movie director.

7 As a host, my _____ is to make my guests comfortable.

해석 **1** 그 두 그림 사이의 차이점은 너무 작았다. 나는 그것을 알아채지 못했다. **2** 우리는 온도를 측정하기 위해 이 작은 장치를 사용한다. **3** 어떤 부유한 사람이 죽기 전까지 마을의 가난한 아이들을 후원했다. **4** 이 차는 가장 강한 철로 만들어졌다. **5** 그녀는 이 프로젝트를 시작부터 끝까지 관리했다. 그녀의 많은 노력이 들어갔다. **6** 그는 배우로서 경력을 시작했고, 그는 이제 영화감독이다. **7** 주인으로서, 저의 의무는 제 손님들을 편안하게 해드리는 겁니다.

"카네기 씨, 세계에서 가장 부유한 사람이 되신 것을 진심으로 축하드립니다." 이 말은 유명한 은행가 존 피어폰 모건(J.P. Morgan)이 앤드루 카네기(Andrew Carnegie)에게 했던 말이에요. '철강왕'이라는 별명을 얻기도 한 앤드루 카네기는 지금 물가로 환산했을 때 역사상 두 번째로 부유했던 사람이랍니다. 하지만 그런 그도 처음부터 부자였던 건 아니에요. 카네기가 태어날 무렵에는 산업 혁명으로 가내수공업이 어려워져 아버지 사업은 힘들어졌어요. 그래서 카네기는 12살 때부터 career를 시작했어요. 면직 공장에서도 일했고, 전보 배달도 했고, 철도 회사 에서도 일했답니다. 당시에 그는 많은 돈을 벌지는 못했지만, 성실함으로 상사들에게 좋은 인상을 남겼어요. **또, 자신에게 찾아온 기회를 놓치지 않을 만큼 똑똑하기도 했어요.**

SEE THE NEXT PAGE! »

1 밑줄 친 career에 해당하는 우리말을 고르세요.

① 후원 　　　　② 사회생활 　　　　③ 관리 　　　　④ 철강업

2 굵게 표시한 부분과 일치하도록 아래 단어를 알맞게 배열하여 문장을 완성하세요.

> Also, he was _____ the chance
> he got. (miss / to / smart / not / enough)

교과서 지식 Bank

중학 역사2 - 산업 혁명과 사회 변화

18세기 영국에서 시작된 산업 혁명으로 인해 사회는 큰 변화를 겪게 돼요. 공업 지대에 새로운 도시가 생기고, 농촌에서 도시로 이동하는 인구가 늘어나 도시화가 급격히 진행되었어요. 대량 생산이 이루어지고 교통이 발달하면서 이전보다 풍족하고 편리해졌지만, 반면에 열악한 노동조건 등 많은 사회 문제를 낳았어요.

Andrew Carnegie worked very hard. He started his career with many different jobs. In 1853, he started working for the railroads. His duty was to send messages with devices. He worked very hard, and many people knew about it. Soon, he had a role managing others. He also learned about business
5 and investing while he was working there.

When Carnegie visited Europe in 1872, he noticed that people needed steel. As soon as he came back to America, he invested his money in steel. He bought land and built a steel factory with some partners. It was a big success for Carnegie. With the money he made, he built more factories. Those
10 factories became the Carnegie Steel Company in 1892.

In 1901, Carnegie sold his company to the banker J.P. Morgan for 480 million dollars. He became the richest man in the world. After he left the company, Carnegie wanted to support people in need. He also gave his money to build many libraries and other buildings.

*railroad 철도; 철도회사

**invest 투자하다

🔍 독해가 더 쉬워지는 **Tip** ·································

in need : 어려움에 처한, 궁핍한

Many children in poor countries are **in need**. We should try to help them.
(가난한 나라에 있는 많은 아이들이 **어려움에 처해있다**. 우리는 그들을 도우려고 노력해야 한다.)

1 **Which of the following is the best title of the passage?**

① 앤드루 카네기의 인간관계론

② 앤드루 카네기의 성공과 사회환원

③ 앤드루 카네기의 숨은 조력자들

④ 앤드루 카네기가 극복한 역경

⑤ 성공의 가장 큰 비결은 근면성

2 **다음 중 이 글의 내용과 일치하지 않는 것을 고르세요.**

① 카네기는 철도회사에서 메시지 보내는 일을 했다.

② 사람들은 카네기의 근면 성실함을 알았다.

③ 카네기는 아시아에 방문했을 때, 철의 필요성을 깨달았다.

④ 카네기는 강철 공장들을 세워 철강회사를 설립했다.

⑤ 카네기는 도움이 필요한 많은 사람을 도왔다.

3 **Which set of words best fits in the blanks (A) and (B) according to the passage?**

> Carnegie not only _____(A)_____ hard, but he also _____(B)_____ about business.

        (A)   (B)
① exercised ····· learned
② studied ····· created
③ worked ····· made
④ lived ····· tried
⑤ worked ····· studied

4 **다음 영영 뜻풀이에 공통으로 해당하는 단어를 이 글에서 찾아 쓰세요.**

> ⓐ to agree with an idea or a person and help them to be successful
> ⓑ to provide money, food, or other things that someone needs

_____

partner 협력자, 동업자 / success 성공 / banker 은행가 / million 100만 / in need 어려움에 처한, 궁핍한

Chapter

08

What to Learn	**독해가 더 쉬워지는 Tip**
가끔 새로운 사람들을 만나는 것이 두려울 수 있어요. 그 두려움을 극복하고 자신 있게 소개하는 방법에 대해 읽어볼까요?	**형용사 + enough**
나라에서는 국민이 안전한 생활을 할 수 있게 세금을 걷고 있어요. 여러 세금 중에서도 조금 다른 '죄악세'에 관해 자세히 알아봐요.	**mis-**
수학에서 쓰이는 여러 가지 부등호가 있어요. 이 기호들을 가장 처음 사용한 수학자는 누구일까요?	**not exactly**
집에서도 홀로 지내며, 연구에만 몰두했던 한 과학자에 대해 자세히 알아봐요.	**for certain**

01 처음 만났을 때는 …

교육부 지정 중학 필수 어휘 🎧

정답 및 해설 p.10

connect	동 1. **연결하다, 잇다** 2. 접속하다
communicate	동 1. **의사소통을 하다** 2. (생각이나 느낌 등을) 전하다
repeat	동 1. (말·행동을) 반복하다, 되풀이하다 2. (다른 사람의 말을) **따라 하다** 명 반복
interest	명 **관심, 흥미** 동 ~의 관심[흥미]을 끌다
simple	형 1. **간단한, 단순한** 2. 소박한
conversation	명 **대화, 회화**

아래 해석을 참고하여 다음 각 빈칸에 적절한 단어를 위의 목록에서 골라 쓰세요. (동사의 시제와 명사의 수에 유의)

1 One of my friends likes to read _____ storybooks before she goes to bed.

2 I _____ after my teacher as he introduced new English words.

3 Some plants and animals use their smell to _____.

4 She has a(n) _____ in making people's homes more beautiful.

5 It is hard to have a(n) _____ in here. Let's move to a quiet place.

6 This bridge _____ my town and the island.

해석 1 내 친구 중 한 명은 자기 전에 단순한 이야기책을 읽는 것을 좋아한다. 2 나는 선생님이 새로운 영어 단어를 알려주셨을 때, 선생님의 말씀을 따라 했다. 3 어떤 식물과 동물은 의사소통하기 위해 자신의 냄새를 사용한다. 4 그녀는 사람들의 집을 더 아름답게 만드는 데 관심이 있다. 5 여기서 대화하기는 어려워. 조용한 장소로 옮기자. 6 이 다리는 우리 동네와 섬을 연결한다.

우리가 새로운 사람들을 만나면, 이름을 교환한 후에 간단한 인삿말을 한 마디 덧붙이는 것으로 끝맺는 경우가 많아요. 하지만 더 좋은 인상을 남기고 <u>conversation</u>을 이어나가고 싶다면 이름만 말하는 것보다 다른 것들도 시도해보는 것은 어떨까요? 그것은 상대방과의 새로운 소통의 시작이에요. **새로운 사람을 만나는 것이 두려울 수 있지만 걱정하지 말아요.** 조금만 자신감을 가지세요. 그러면 아무것도 어렵지 않을 거예요.

SEE THE NEXT PAGE! ≫

---

1 밑줄 친 <u>conversation</u>에 해당하는 우리말을 고르세요.

① 만남   ② 관심   ③ 대화   ④ 연결

---

2 굵게 표시한 부분과 일치하도록 아래 단어를 알맞게 배열하여 문장을 완성하세요.

It _____ a new person, but don't worry. (meet / to / can / scary / be)

교과서 지식 Bank

중1 국어 - 첫 만남에 좋은 인상 남기기

첫 만남에 좋은 인상을 주기 위해서는 여러모로 신경 써야 할 점이 있어요. 그중 첫 번째로 신경 써야 할 것이 바로 인사라고 할 수 있어요. 인사를 할 때는 먼저 하는 것이 좋고, 만약 악수로 인사를 하는 상황이라면 상대방의 손을 힘있게 잡고 하는 게 좋답니다. 그리고 목소리와 발음도 처음 만났을 때 좋은 인상을 남기기 위한 중요한 요소 중 하나로 상대방이 명확하게 들을 수 있도록 조절해야 한답니다.

First, smile and make eye contact. Be happy to meet someone new. This will create a natural smile and make the other person happy, too. Making eye contact is also important. When you look someone in the eye, it shows that you are listening. It is very rude to look away. He might think that you are not

5　interested at all. Eye contact is one way to connect with others. You need to show that you are open and ready to communicate.

What's next? Exchange names. When you learn the other person's name, repeat it and say, "Nice to meet you." Repeating the person's name will help you remember it. After, show interest in the other person by asking questions

10　about him. Simple questions like, "What do you like to do in your free time?" or "Where do you live?" will be good enough. When you end the conversation, you should tell him that you enjoyed meeting him. You can say,

"＿＿＿＿＿＿＿＿＿＿＿＿＿＿＿＿＿＿＿＿＿＿＿＿."

🔍 **독해가 더 쉬워지는 Tip** ••

형용사 + enough : 충분히 ~한

The test was **easy enough** to finish in 10 minutes.
(그 시험은 10분 만에 끝낼 수 있을 만큼 **충분히 쉬웠다**.)

She was **smart enough** to answer all the questions.
(그녀는 모든 질문에 답할 수 있을 만큼 **충분히 똑똑했다**.)

1 **Which of the following is the best topic of the passage?**

① 효과적으로 발표하는 방법

② 처음 만난 사람과 대화하는 방법

③ 외국어로 자기소개 하는 방법

④ 대화를 인상적으로 끝내는 방법

⑤ 이야기를 쉽고 간결하게 전하는 방법

2 **이 글의 내용과 일치하면 T, 그렇지 않으면 F를 쓰세요.**

(1) 상대방의 눈을 바라보는 것은, 당신이 듣고 있다는 것을 뜻한다. _____

(2) 상대방의 이름을 따라 말하는 것은 외우는 데 도움이 될 것이다. _____

(3) 상대방에 관한 단순한 질문을 하는 것은 무례하게 여겨질 수 있다. _____

3 **Which of the following is NOT mentioned as a way to have a good first conversation?**

① Smile and make eye contact.

② Do not look away.

③ Exchange names.

④ Do not ask any questions other than names.

⑤ End the conversation politely.

4 **Which of the following best fits in the blank?**

① You need to get good grades

② It was great meeting you

③ Never give up

④ Long time no see

⑤ Let me introduce myself

5 **다음 영영 뜻풀이에 공통으로 해당하는 단어를 이 글에서 찾아 쓰세요.**

ⓐ to say the same thing that you heard

ⓑ to do something again, or to make something happen again

---

eye contact 눈 맞춤 / **create** 만들다, 창조하다 / **natural** 자연스러운 / **important** 중요한 / **rude** 무례한, 예의 없는 / **look away** 눈길을 돌리다 / **interested** 관심 있어 하는 / **exchange** 교환하다, 주고받다

교육부 지정 중학 필수 어휘 🎧

정답 및 해설 p.12

tax	명 **세금** 동 세금을 부과하다, 과세하다
crime	명 **범죄** ※ **criminal** 범인, 범죄자; 범죄의
negative	형 **부정적인, 나쁜** 명 부정, 거부
society	명 1. **사회** 2. 집단 3. 협회, 단체
increase	동 **늘리다, 인상시키다** 명 증가, 인상
fault	명 1. 잘못, 책임 2. **단점, 결점**

아래 해석을 참고하여 다음 각 빈칸에 적절한 단어를 위의 목록에서 골라 쓰세요. (동사의 시제와 명사의 수에 유의)

1 Cities usually have higher ＿＿＿＿＿＿＿ than places in the countryside.

2 He started to help poor people to make a better ＿＿＿＿＿＿＿.

3 The research showed that stress has a ＿＿＿＿＿＿＿ effect on people's health.

4 He ＿＿＿＿＿＿＿ his car speed because he was late for work.

5 The thief went to jail for a number of his ＿＿＿＿＿＿＿.

6 Everyone has ＿＿＿＿＿＿＿ and good points.

해석 1 도시는 보통 시골보다 높은 세금을 갖고 있다. 2 그는 더 나은 사회를 만들기 위해서 불우한 사람들을 돕기 시작했다. 3 그 연구는 스트레스가 사람들의 건강에 부정적인 영향을 준다는 것을 보여주었다. 4 그는 직장에 지각했기 때문에 차의 속도를 높였다. 5 그 도둑은 그가 저지른 여러 범죄 때문에 감옥에 갔다. 6 모두가 단점과 장점을 갖고 있다.

여러분은 세금을 내본 적 있나요? 없다고 생각하기 쉽겠지만, 편의점에서 아이스크림 하나를 사도 우리는 '부가가치세'라는 세금을 내게 된답니다. 물건값에 포함되어 있어서 세금을 따로 낸다고 느끼지 못하는 것뿐이에요. 그렇다면 우리는 세금을 왜 낼까요? 나라에서 <u>crime</u>을 예방하고, 교육 시설과 복지 시설을 마련하는 등 국민의 생활을 더욱 안전하고 풍요롭게 만드는 데 필요한 것이에요. 세금에는 종류가 다양한데요, 그중에는 '죄악세'라는 것도 있어요.

SEE THE NEXT PAGE! »

1 밑줄 친 <u>crime</u>에 해당하는 우리말을 고르세요.

① 질병   ② 범죄   ③ 부정   ④ 세금

2 이 글의 내용과 일치하면 T, 그렇지 않으면 F를 쓰세요.

(1) 물건을 살 때 부가가치세는 따로 내야 한다.   _____

(2) 세금은 국민의 생활을 안전하고 풍요롭게 만들기 위한 것이다.   _____

(3) 세금 중에는 '죄악세'라는 것이 있다.   _____

교과서 지식 Bank

중학 사회2 – 세금의 역할

정부는 국가 경제 상황에 따라 세율을 조정하면서 세금을 걷어 국민들을 위해 써요. 자연재해를 입어 경제적으로 어려운 지역에 지원자금을 투입하기도 하고, 부동산이나 사치품에 대해 세율을 높여 과소비를 억제하기도 하지요. 고소득자에게는 많은 세금을 걷고 저소득자에게는 적은 세금을 걷거나 면제해 주어 빈부의 격차를 좁히는 역할을 하기도 한답니다.

It's easy to misunderstand the concept of a sin tax. You might imagine that only bad people pay sin tax for their crimes. However, you can pay sin tax even when you don't do anything wrong. This is because a sin tax is actually just a tax on things that have a negative effect on society. For example, people
5   think alcohol and cigarettes are bad in most societies. Therefore, to make society better, the government increases taxes on those items. Then, their prices go up and people buy less of them.

Governments use this money to do special projects. _____, the U.S. used this money to build a stadium, and Sweden spent it to help people
10 who can't stop gambling. That's the good part of sin tax.

However, sin taxes have some faults. If there is a large price difference between countries for certain items, people will try to get the items illegally from the cheaper country. This causes more crime.

What is your opinion of sin taxes?

*sin 죄, 죄악

**gambling 도박

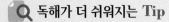 독해가 더 쉬워지는 **Tip** •••

mis- : 나쁜, 잘못된

mis-(잘못) + take(선택하다) → mistake(잘못 선택하다, 실수하다)
mis-(잘못) + understand(이해하다) → misunderstand(잘못 이해하다, 오해하다)
mis-(나쁜) + behave(행동하다) → misbehave(나쁜 행동을 하다, 못된 짓을 하다)

1 **Which of the following is the best topic of the passage?**

① different taxes in Korea

② how sin taxes affect us

③ the history of sin tax

④ what sin tax is

⑤ how taxes are being used

2 **다음 중 이 글의 내용과 일치하지 <u>않는</u> 것을 고르세요.**

① 죄악세는 잘못된 일을 하지 않아도 부과된다.

② 죄악세 때문에 사람들이 물건을 덜 사기도 한다.

③ 스웨덴은 죄악세를 경기장을 짓는 데 썼다.

④ 죄악세에는 장점도 있지만 단점도 있다.

⑤ 죄악세가 범죄 증가를 유발하기도 한다.

3 **밑줄 친 <u>those items</u>가 가리키는 것을 우리말로 쓰세요.**

_____

4 **Which of the following best fits in the blank?**

① However   ② As a result   ③ In addition

④ For example   ⑤ Instead

5 **Which of the following has the same meaning as "fault(s)" in the paragraph?**

(a) I think her only <u>fault</u> is that she cares too much about everything.

(b) The restaurant staff found a broken dish. A boy came up and admitted his <u>fault</u>.

misunderstand 오해하다 / concept 개념 / imagine 상상하다, (마음속으로) 그리다 / actually 실제로, 정말로 / effect 영향, 효과 / government 정부, 정권 / item 물품 / price 값, 가격 / stadium 경기장 / certain 어떤 / illegally 불법적으로 / cause ~을 초래하다 / opinion 의견

03
부등호

교육부 지정 중학 필수 어휘 🎧

정답 및 해설 p.14

exactly	부 정확히, 틀림없이
current	형 현재의, 지금의
editor	명 편집자, 교정자
straight	부 똑바로, 곧장 형 1. 곧은, 일직선의 2. 솔직한
symbolize	동 상징하다, ~의 부호이다
equal	형 동일한, 같은

아래 해석을 참고하여 다음 각 빈칸에 적절한 단어를 위의 목록에서 골라 쓰세요. (동사의 시제와 명사의 수에 유의)

1 Her hair is long and _____. She brushes her hair every day.

2 _____ lifestyles are very different from earlier ones.

3 Don't lie to me. Tell me _____ what happened last night.

4 Five plus two is _____ to seven.

5 The green cross usually _____ a hospital. So, when you think of a hospital, the green cross comes to mind.

6 The _____ is correcting the mistakes in the new book.

해석 **1** 그녀는 머리는 길고 곧다. 그녀는 매일 자신의 머리를 빗질한다. **2** 현재의 생활방식은 예전의 것과 아주 다르다. **3** 나에게 거짓말하지 마. 어젯밤에 무슨 일이 있었는지 정확히 말해. **4** 5 더하기 2는 7과 같다. **5** 초록 십자가는 보통 병원을 상징한다. 그래서 네가 병원을 생각할 때 초록 십자가가 떠오른다. **6** 그 편집자는 새 책의 오류들을 수정하고 있다.

수학에서 두 개의 수 또는 식이 같지 않다는 것을 나타낼 때, 우리는 부등호를 사용하죠. 'A가 B보다 크다'라고 할 때는 'A>B', 'A가 B보다 작다'라고 할 때는 'A<B'로 **symbolize**해요. 그 외에 '크거나 같다', '작거나 같다', '같지 않다'를 표현하는 기호인 ≥, ≤, ≠도 다 부등호의 종류지요. 이런 기호들 덕분에 우리는 수학적 사실을 말로 길게 쓸 필요 없이 간단하고 효과적으로 의미를 전달할 수 있어요. 세계에서 공통으로 쓰는 기호이기 때문에 다른 나라에서도 그 의미가 통용된답니다.

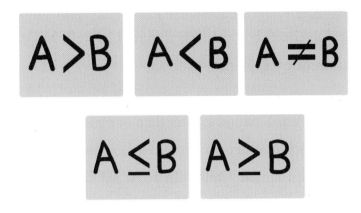

SEE THE NEXT PAGE! ≫

1 밑줄 친 symbolize에 해당하는 우리말을 쓰세요.

_____

2 이 글의 내용과 일치하도록 아래 단어를 알맞게 배열하여 문장을 완성하세요.

The symbols <, >, and = _____
around the world. (same / have / the / meanings)

교과서 지식 Bank

중2 수학 - 부등호의 정확한 사용

부등호를 사용할 때는 >와 ≥, 또는 ≤와 <을 혼동하기 쉬운데, 반드시 구분해서 사용해야 정확한 문제 풀이를 할 수 있어요. 예를 들어, x=3이라고 할 때, x+2≤5라는 부등식은 5≤5이기 때문에 참이지만, x+2<5는 5<5이기 때문에 거짓이 되지요.

The signs for greater than (>) and less than (<) were first introduced in 1631 in a book. The book was the work of a British mathematician, Thomas Harriot. It was published 10 years after his death in 1621. However, the signs were not exactly the same when he first wrote the book. The current symbols
5 actually were invented by the book's editor. Harriot used triangular symbols at first, but the editor changed them. Harriot also used two straight lines in his book to symbolize being equal, but this was different as well. His equal sign was vertical (‖), not the one we use now (=).

The symbols for less than or equal to and greater than or equal to (≤ and ≥)
10 were first used in 1734 by French mathematician, Pierre Bouguer. The British mathematician John Wallis used similar symbols in 1670. Wallis used the less than and greater than symbols with a single line above them.

*triangular 삼각형의

**vertical 수직의, 세로의

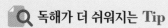 독해가 더 쉬워지는 **Tip** ···

not exactly : 정확히 ~이 아닌

He is **not exactly** right, but he has a point.
(그가 **정확히** 맞는 것은 **아니지만**, 그도 일리가 있다.)

We were **not exactly** sure where to go, so we checked the map.
(우리는 어디로 가야 하는지 **정확히** 알지 **못해서**, 지도를 확인했다.)

1 다음 중 이 글의 제목으로 가장 알맞은 것을 고르세요.

① 세계에서 처음으로 발간된 수학책

② 영국 수학은 어떻게 발전했나?

③ 프랑스 수학과 영국 수학의 차이

④ 부등호와 등호의 기원

⑤ 수학에서 부등호는 왜 필요한가?

2 Which of the following is NOT true according to the passage?

① 부등호 <와 >는 영국 수학자에 의해 처음 소개되었다.

② 부등호 사용 설명에 관한 책은 1621년에 출판되었다.

③ 해리엇이 책에 쓴 기호를 편집자가 바꾸었다.

④ 해리엇이 처음 쓴 등호는 현재 우리가 쓰는 것과 달랐다.

⑤ ≤와 ≥는 프랑스 수학자가 처음 사용했다.

3 Which of the following has the same meaning as "straight" in the paragraph?

(a) He is too tired to walk straight.

(b) It is not easy to drive fast on this road. The road is not straight at all.

4 How was Harriot's equal sign different from ours? Write the answer in Korean.

_____.

5 다음 영영 뜻풀이에 해당하는 단어를 이 글에서 찾아 쓰세요.

being the same in size, quantity, or value

_____

sign 기호, 부호 / introduce 소개하다 / work 작품, 저서 / British 영국인의 / mathematician 수학자 / publish 출판하다, 발행하다 / death 죽음, 사망 / symbol 기호, 부호 / actually 실제로 / invent 발명하다, 창안하다 / at first 처음에는 / similar 비슷한 / single 하나의
선택지 어휘 5 quantity 양, 분량 / value 가치

교육부 지정 중학 필수 어휘 🎧

정답 및 해설 p.15

degree	명 1. (각도, 온도 단위인) 도 2. **학위**
fortune	명 1. 행운 2. **부, 재산**
social	형 1. 사회의 2. **사교적인**
manner	명 1. (일의) 방식 2. (사람의) **태도** 3. 예의
concern	동 영향을 미치다, 관련되다 명 1. 우려, 걱정 2. **관심**
avoid	동 1. 방지하다, 막다 2. **피하다, 회피하다**

아래 해석을 참고하여 다음 각 빈칸에 적절한 단어를 위의 목록에서 골라 쓰세요. (동사의 시제와 명사의 수에 유의)

1 She has a friendly _____ with everyone. She is always nice and kind.

2 After four years of education, I finally got my university _____.

3 She is a very _____ person. She always talks to everyone first.

4 The child tried to _____ a big cat in the road. He crossed to the other side.

5 He made a big _____ from his business. His company grew every year.

6 He had great _____ for his health. So, he exercised every day.

해석 **1** 그녀는 모두에게 호의적인 태도를 보인다. 그녀는 항상 착하고 친절하다. **2** 4년간의 교육 후에, 나는 마침내 대학 학위를 받았다. **3** 그녀는 매우 사교적인 사람이다. 그녀는 항상 모든 사람에게 먼저 말을 건다. **4** 그 아이는 길에서 큰 고양이를 피하려고 했다. 그는 반대편으로 길을 건넜다. **5** 그는 사업으로 큰 재산을 모았다. 그의 회사는 매년 성장했다. **6** 그는 자신의 건강에 관심이 매우 많았다. 그래서 그는 항상 운동했다.

현대 사회에서는 당연하게 여겨지는 과학적 사실이 옛날에는 그렇지 않았던 것이 많아요. 공기가 하나의 원소가 아니라 여러 기체의 화합물이라는 사실은 지금은 너무 당연하지만, 그 사실은 18세기에 이르러서야 여러 과학자들에 의해 밝혀졌어요. 그리고 공기 중의 수소를 처음 발견한 과학자가 바로 헨리 캐번디시(Henry Cavendish)였어요. 그는 뛰어난 과학자였지만 업적 대부분은 그가 사망한 후에야 알려졌답니다. social하지 않았고 비밀이 많은 사람이었기 때문인데요, 그런 만큼 그의 삶에 대해서도 알려진 부분이 그리 많지 않아요.

SEE THE NEXT PAGE! ≫

1 밑줄 친 <u>social</u>에 해당하는 우리말을 고르세요.

① 예의 바른   ② 사교적인   ③ 재능있는

2 이 글의 내용과 일치하면 T, 그렇지 않으면 F를 쓰세요.

(1) 공기가 여러 기체의 화합물이라는 사실은 18세기에 밝혀졌다. _____

(2) 캐번디시는 공기 중의 수소를 처음 발견했다. _____

(3) 캐번디시의 업적은 그 당시 엄청난 집중을 받았다. _____

교과서 지식 Bank

중2 과학 – 화합물

물질 중에는 한 가지 원소로만 이루어진 것이 있는데, 금, 은, 알루미늄, 수은 등이 그 예지요. 또, 두 가지 이상의 원소로 이루어진 물질도 있는데 이를 화합물이라고 해요. 화합물에는 염화 나트륨, 물, 에탄올, 이산화탄소 등이 있답니다.

Henry Cavendish was one of the most famous scientists in the world. He studied at Cambridge, but he didn't get a degree. Nobody knows for certain why he left Cambridge.

Twenty years after leaving Cambridge, Cavendish became a very rich man.
5　He received a huge fortune from his family. But here's the weird part. When Cavendish was 42 years old, something changed in his life. He had never been a social man, but his manner toward humans became very unfriendly. He not only had no concern for others, but also hated speaking to them. Moreover, he avoided women. His maids had to use separate stairs in his house. He only
10　spoke to them through notes! If he accidentally met a maid in his house, he fired her right away.

Cavendish spent hours in his laboratory every day and wrote several scientific papers. But those were not published until 1921, more than a hundred years after his death. Much of his work still isn't understood by
15　modern scientists. Maybe, Cavendish was a man several centuries ahead of his time.

 독해가 더 쉬워지는 Tip ●

`for certain` : 확실히, 틀림없이 (= for sure)

She knew that he was lying **for certain** but acted as if she did not know anything.
(그녀는 그가 거짓말을 하고 있다는 사실을 **확실하게** 알고 있었지만 아무것도 모르는 척 행동했다.)

I can say **for certain** that I saw your brother yesterday.
(나는 어제 너의 남동생을 봤다는 것을 **틀림없이** 말할 수 있어.)

1 **Which of the following is the best title of the passage?**

① How to Become a Scientist Like Cavendish

② How to Get Into the University of Cambridge

③ Cavendish, the Scientist Who Spent His Life for Humans

④ Cavendish, the Scientist Who Got the Nobel Prize

⑤ Cavendish, a Weird Science Genius

2 **다음 중 이 글의 내용과 일치하지 <u>않는</u> 것을 고르세요.**

① 캐번디시는 케임브리지 대학교 학위를 받지 않았다.

② 캐번디시는 사교적인 사람이었지만 갑자기 변했다.

③ 캐번디시는 다른 사람들에게 말하는 것을 싫어했다.

④ 캐번디시는 집에서 하녀를 우연히 만나면 바로 해고해버렸다.

⑤ 캐번디시의 업적은 현대 과학으로도 이해할 수 없다.

3 **Which of the following has the same meaning as "degree" in the paragraph?**

(a) Even an increase of one degree in global temperature can be a big problem.

(b) She was happy when she finished school and got her degree.

4 캐번디시는 어떻게 하녀들과 소통했나요? 우리말로 쓰세요.

_____

5 **Find the word in the passage which has the given meaning.**

a feeling of being interested

_____

for certain 확실히, 틀림없이 / huge 막대한 / family 가문 / weird 기이한, 이상한 / unfriendly 비우호적인, 불친절한 / maid 하녀, 가정부 / stair 계단 / note 쪽지, 편지 / accidentally 우연히 / fire 해고하다 / right away 즉각, 곧바로 / laboratory 실험실 / scientific 과학의, 과학적인 / publish 출판하다, 발행하다 / modern 현대의, 근대의 / century 세기
선택지 어휘 3 increase 증가, 상승

Chapter
09

What to Learn

한 영국인 화가의 작품을 통해 일제강점기 시절 조선의 모습을 알 수 있어요. 그런데 그 화가는 어떻게 조선에 오게 되었을까요?

여름에 타이어가 종종 터지는 사고의 원인은 온도와 분자 운동의 관계를 이해하면 쉽게 알 수 있어요.

고대 이집트의 나일 강 주변에 서식하던 갈대인 파피루스로 어떻게 종이를 만들 수 있나요?

한 지역을 상징하는 '랜드마크'의 의미와 종류에 대해서 읽어봅시다.

독해가 더 쉬워지는 Tip

spend + 시간 + (in) -ing

비교급 and 비교급

go to waste

from + 거리[길이] + distance

01 엘리자베스 키스

교육부 지정 중학 필수 어휘 　　　　　　　　정답 및 해설 p.18

education	명 교육	
talented	형 재능이 있는, 유능한	
surroundings	명 환경	
traditional	형 전통의, 전통적인	
continue	동 계속되다, 지속하다	
cancel	동 취소하다, 무효화하다	

아래 해석을 참고하여 다음 각 빈칸에 적절한 단어를 위의 목록에서 골라 쓰세요. (동사의 시제와 명사의 수에 유의)

1 The rain _____ for two weeks. It finally stopped this morning.

2 Jenny is a very _____ swimmer. Nobody in school can beat her.

3 Her dream was to go to school because she didn't get an _____.

4 There's a big market near her new house, so she likes the new _____.

5 The school _____ the baseball game because it rained too much.

6 Many foreigners like to try on _____ Korean clothes called Hanbok.

해석 1 비는 2주 동안 계속되었다. 비는 오늘 아침에서야 마침내 멈췄다. 2 제니는 매우 재능이 있는 수영선수이다. 학교에서 아무도 그녀를 이길 수 없다. 3 그녀의 꿈은 학교에 가는 것이었다. 왜냐하면, 그녀는 교육을 받지 못했기 때문이다. 4 그녀의 새집 가까이에는 큰 시장이 있어서 그녀는 새로운 환경이 마음에 든다. 5 비가 너무 많이 와서 학교는 야구 경기를 취소했다. 6 많은 외국인들은 한국 전통 의상인 한복을 입어보는 것을 좋아한다.

한 여자가 침착하게 방 안에서 기다리고 있는 것 같아요. 입고 있는 옷을 보니 혼례식을 앞둔 신부임을 알 수 있는데요. 예전에는 신랑이 밖에서 혼례식 손님들과 함께 식사를 즐기는 동안 신부는 방에 머물렀다고 해

요. 그런데 옆에서 이 신부를 세심하게 관찰하고 그 모습을 그림으로 그리고 있는 또 다른 여자는 누구일까요? 놀랍게도 영국에서 온 화가랍니다. 이 화가는 일제강점기 때 한국에 왔는데요, 신부의 모습을 담고 있는 그림 외에도 일제강점기 시절 조선 시대의 모습을 엿볼 수 있는 작품을 남기는 일을 <u>continue</u>했어요. 이 화가의 이름은 엘리자베스 키스(Elizabeth Keith)예요.

SEE THE NEXT PAGE! »

1 밑줄 친 <u>continue</u>에 해당하는 우리말을 쓰세요.

_____

2 굵게 표시한 부분과 일치하도록 아래 단어를 알맞게 배열하여 문장을 완성하세요.

A woman in a room _____
calmly. (waiting / to / seems / be)

**교과서 지식
Bank**

중1 국어 - 한 외국인의 눈에 비친 한국 사람들

「한 외국인의 눈에 비친 한국 사람들」이라는 글은 영국인 화가 엘리자베스 키스가 그림 속에서 한국인들을 어떻게 묘사하고 있는지를 소개하는 내용이에요. 일제 강점기에 일본이 '한국인은 게으르고 무식하다'고 선전했을 때, 키스처럼 한국인을 직접 관찰한 사람들은 그 말을 믿지 않고 한국인이 강인하고, 기품있고, 지성적이어서 고난을 극복할 잠재력이 풍부하다고 보았답니다.

Elizabeth Keith was born in Scotland in 1887. When her family moved to London in 1898, she spent a lot of time in drawing. Although she didn't get any education or professional training in art, she was a very talented artist. One day, her sister married an English man in Tokyo and invited Elizabeth to
5   Japan. Elizabeth loved the Japanese landscape and temples, and sketched her surroundings.

In 1919, she visited Korea. While she was in Korea, some Christian missionaries helped her find models. At first, she sketched and used watercolors for her paintings. Later, she used traditional Japanese
10 woodblocks and printed many beautiful pictures. She also visited China and the Philippines and continued her work. After World War II began, Elizabeth couldn't go back to Japan, and her shows were canceled. She was unable to support herself from the sale of her work, but she continued painting and making prints.

*missionary 선교사
**woodblock (목판화용) 목판

🔍 **독해가 더 쉬워지는 Tip** ••

spend + 시간 + (in) -ing: ~에[하면서] 시간을 할애하다, 보내다

I usually **spend two hours in reading** every day.
(나는 보통 매일 **두 시간씩** 책을 **읽으면서 보낸다**.)

I **spent a lot of time in practicing** the violin yesterday.
(나는 어제 많은 **시간을** 바이올린 **연습에 할애했다**.)

1 **Which of the following is the best title of the passage?**

① 엘리자베스가 묘사한 한국의 풍경

② 엘리자베스와 그녀의 그림

③ 엘리자베스가 육성한 예술 천재들

④ 엘리자베스의 특이한 수채화법

⑤ 엘리자베스가 사랑한 한국의 미술

2 **다음 중 이 글의 내용과 일치하지 <u>않는</u> 것을 고르세요.**

① 엘리자베스는 스코틀랜드에서 가족과 함께 런던으로 이주했다.

② 엘리자베스는 미술 교육을 받은 적이 없었다.

③ 엘리자베스의 언니는 도쿄에 사는 영국인과 결혼했다.

④ 엘리자베스는 나중에 일본의 전통 목판을 사용했다.

⑤ 제2차 세계대전 후 엘리자베스는 일본으로 돌아갔다.

3 **Which of the following has the same meaning as "<u>surroundings</u>" in the paragraph?**

① temples　　　② education　　　③ cancel

④ environment　　⑤ support

4 **Find the word in the passage which has the given meaning.**

having a natural ability to do something well

_____

5 **주어진 말을 알맞게 배열하여 다음 문장을 완성하세요.**

My younger brother _____
a new video game yesterday. (whole / spent / playing /night / the)

drawing 그림, 데생 / **although** (비록) ~이긴 하지만 / **professional** 전문적인 / **training** 교육, 훈련 / **landscape** 풍경 / **temple** 신전, 사원, 절 / **sketch** 스케치하다 / **watercolor** 수채화 그림물감 / **unable to** ~할 수 없는, ~하지 못하는 / **support** 부양하다, 살게 하다

교육부 지정 중학 필수 어휘

정답 및 해설 p.19

influence	명 **영향, 영향력** 동 영향을 미치다
flat	형 1. 평평한 2. **바람이 빠진, 펑크 난** ※ **go flat** (타이어가) 바람이 빠지다
rise – rose – risen	명 증가, 상승 동 **오르다, 증가하다**
opposite	형 1. 맞은편의 2. **정반대의** 명 반대
tight	형 **꽉 조이는, 단단한**
necessary	형 **필요한, 없어서는 안 될**

아래 해석을 참고하여 다음 각 빈칸에 적절한 단어를 위의 목록에서 골라 쓰세요. (동사의 시제와 명사의 수에 유의)

1 The sun _____ in the morning, and we all prepare for another day.

2 The car had a _____ tire. My dad went to the shop to get a new one.

3 A warm jacket is _____ in this cold weather.

4 His belt was too _____. It left marks on his belly.

5 She is the _____ of me. I am quiet and calm, but she likes talking.

6 This book had a strong _____ on me. I've changed a lot after reading this.

해석 **1** 태양은 아침에 뜨고 우리는 모두 또 다른 하루를 준비한다. **2** 그 차는 펑크 난 타이어를 갖고 있었다. 나의 아버지는 새 타이어를 사러 상점에 가셨다. **3** 이렇게 추운 날씨에는 따뜻한 재킷이 필요하다. **4** 그의 벨트는 너무 꽉 조였다. 그것은 그의 배 위에 자국을 남겼다. **5** 그녀는 나와 정반대이다. 나는 조용하고 차분하지만, 그녀는 말하는 것을 좋아한다. **6** 이 책은 나에게 큰 영향을 주었다. 나는 이것을 읽고 많이 바뀌었다.

　　한여름에는 아스팔트 도로 위에서 달걀프라이가 익을 정도로 지면의 온도가 rise하곤 하죠. 뜨거운 도로 위를 걷다 보면 마치 우리의 몸이 오븐 안에 있는 것 같은 느낌이 들 때도 있고요. 이렇게 여름철에 급격히 상승하는 지면의 온도는 도로 위를 달리는 자동차의 타이어에도 영향을 준답니다. 그래서 여름이 되면 타이어가 터지는 사고가 종종 발생하곤 해요. 그렇다면 **온도와 타이어 사이에는 어떤 관계가 있는 걸까요?** 그리고 이런 사고는 왜 생기는 걸까요? 그건 바로 온도가 올라갈수록 공기 분자의 운동에 변화가 일어나기 때문이에요.

SEE THE NEXT PAGE! »

1　밑줄 친 rise에 해당하는 우리말을 고르세요.

① 올라가다　　　　　　② 영향을 끼치다　　　　　③ 필요하다

2　굵게 표시한 부분과 일치하도록 아래 단어를 알맞게 배열하여 문장을 완성하세요.

_____ between temperature and tires? (relationship / is / what / the)

교과서 지식 Bank

중1 과학 - 분자 운동

모든 물질은 분자로 이루어져 있고, 분자들은 끊임없이 스스로 운동을 해요. 이를 분자 운동이라고 하는데, 온도가 높으면 분자 운동이 활발하고, 온도가 낮으면 분자 운동이 둔해요. 그래서 찬물보다는 따뜻한 물이 더 잘 증발하고, 젖은 머리도 찬바람보다 따뜻한 바람을 쐬었을 때 더 잘 마르는 거랍니다.

The temperature can have a huge influence on tires. When the outside temperature increases, it can lead to flat tires because the air pressure inside the tires rises. In summer, the temperature of car tires before driving is around 30°C. And it may go up to 100°C when the car travels at a speed of 60 kilometers per hour (60 km/h).

Air moves faster when it gets hot. This means that hot air represents an increase in pressure. So, tires become larger and larger as they get hotter. In the end, they can't stand the pressure and go flat.

Cold temperatures have the opposite influence. The air pressure in the tires gets lower because cold air needs less space to move. When the tires are no longer tight on the rims from air pressure, an accident may happen. Thus, in summer and winter, it is necessary to check your tires carefully. Safety is the most important thing.

*rim (차 바퀴의) 테

 독해가 더 쉬워지는 Tip ●

비교급 and 비교급 : 점점 더 ~

More and more students are going to America to study.
(**점점 더** 많은 학생이 공부하러 미국으로 떠나고 있다.)

She is **less and less** interested in TV programs.
(그녀는 TV 프로그램에 **점점 더** 관심을 갖지 못하고 있다.)

1 **Which of the following is the best title of the passage?**

① 여름철 타이어 관리법

② 바퀴는 인류 최고의 발명품

③ 계절에 따라 변하는 타이어의 상태

④ 타이어를 오랫동안 쓰기 위한 방법

⑤ 겨울철 안전 운전 수칙

2 **다음 중 이 글의 내용과 일치하지 <u>않는</u> 것을 고르세요.**

① 여름철 주행 전의 타이어는 평균 30도이다.

② 공기는 온도가 높을 때 더 빠르게 움직인다.

③ 뜨거운 공기는 타이어를 팽창시킨다.

④ 차가운 온도는 압력을 낮춘다.

⑤ 겨울철에는 타이어의 공기를 자주 빼줘야 한다.

3 **Which of the following has the same meaning as "flat" in the paragraph?**

(a) A soccer field must be <u>flat</u>. It is very important.

(b) A <u>flat</u> tire doesn't have enough air in it.

4 **Which set of words best fits in the blanks (A) and (B) according to the passage?**

The pressure ＿＿(A)＿＿ when tires get hot, and this can ＿＿(B)＿＿ flat tires.

	(A)		(B)
①	decreases	……	make
②	lowers	……	create
③	increases	……	cause
④	adds	……	build
⑤	goes up	……	stop

5 **Find the word in the passage which has the given meaning.**

needed to do something, or to make something happen

temperature 온도, 기온 / huge 거대한 / increase 증가하다, 늘다; 증가 / lead 초래하다, (어떤 결과에) 이르게 하다 / pressure 압력 / represent 나타내다, 의미하다 / stand 참다, 견디다 / accident 사고 / thus 그러므로 / carefully 주의하여, 조심스럽게 / safety 안전

03

파피루스에 정보를 싣다

교육부 지정 중학 필수 어휘 🎧

정답 및 해설 p.21

surface	명 (사물의) **표면, 표층** 동 나타나다, 드러나다	
layer	명 **층, 겹** 동 층층이 놓다, 겹겹이 쌓다	
sheet	명 **한 장, 한 판**	
press	명 신문, 언론 동 (~을) **내리 누르다**	
sticky	형 **끈적거리는**	
waste	동 낭비하다, 허비하다 명 1. **낭비, 허비** 2. 쓰레기	

아래 해석을 참고하여 다음 각 빈칸에 적절한 단어를 위의 목록에서 골라 쓰세요. (동사의 시제와 명사의 수에 유의)

1   A thin _____ of ice covered the lake. It looked dangerous to walk across.

2   The gum on the floor was very _____. It was hard to remove.

3   She only had one _____ of paper, so she had to write small.

4   The _____ of a watermelon is green and black.

5   Watching that movie was a _____ of time. It was so boring.

6   She _____ the button for the 14th floor, and the elevator door closed.

해석   **1** 호수에 얇은 얼음 층이 덮였다. 호수를 건너는 것은 위험해 보였다.   **2** 바닥의 껌은 매우 끈적거렸다. 그것은 떼어내기 어려웠다.   **3** 그녀는 겨우 종이 한 장만 갖고 있었기 때문에, 글씨를 작게 써야 했다.   **4** 수박 표면의 색깔은 초록색과 검은색이다.   **5** 그 영화를 보는 것은 시간 낭비였다. 그것은 너무 지루했다.   **6** 그녀는 14층의 버튼을 눌렀고 엘리베이터의 문이 닫혔다.

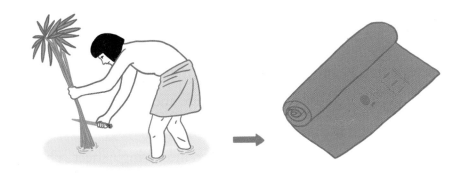

고대 이집트의 나일 강 주변에는 파피루스(papyrus)라는 이름의 갈대가 많이 자랐어요. 키가 보통 2m 정도였는데, 큰 것은 4~5m에 이르기도 했어요. 나일 강의 홍수와 다른 날씨 변화에도 잘 적응하면서 자란 식물이었지요. 그 당시 사람들은 파피루스를 이용해 필요한 물건들을 만들곤 했어요. 줄기를 묶어서 배나 그물 등을 만들고, 껍질은 땔감으로 사용했기 때문에 파피루스는 쉽게 <u>waste</u>되지 않았어요. 파피루스로 만들어진 물건 중에는 인류의 역사를 바꾼 것도 있는데, 그게 뭔지 알겠나요? 그건 바로 정보를 기록할 수 있는 종이예요. **하지만 우리가 지금 사용하는 종이와 똑같진 않았어요.** 그때는 훨씬 더 두꺼웠거든요.

SEE THE NEXT PAGE! ≫

1 밑줄 친 <u>waste</u>에 해당하는 우리말을 고르세요.

① 사용   ② 낭비, 허비   ③ 발견   ④ 겹겹이 쌓인 층

2 굵게 표시한 부분과 일치하도록 아래 단어를 알맞게 배열하여 문장을 완성하세요.

But it _____ that we
are using now. (paper / as / same / not / the / was / the)

교과서 지식 Bank

중학 역사1 - 나일 강과 이집트 문명

이집트를 관통해 흐르는 나일 강은 해마다 정기적으로 범람하기 때문에 강 주변의 토양이 비옥해요. 그래서 일찍부터 강줄기를 따라 농경이 발달했고, 이를 바탕으로 도시 국가들이 생기면서 문명이 발생했지요. 이것이 바로 이집트 문명이랍니다.

How was papyrus, a type of paper, made in ancient Egypt? The Egyptians used the stems of papyrus plants to make it. ⓐ They cut the stems into thin pieces about 30 cm long and kept them in water for a while. On a hard surface, ⓑ they placed the pieces side by side and put another layer of pieces
5 on top at a right angle. While it was still wet, ⓒ they hammered the two layers together. The two layers were mashed into a single sheet. The sheet was then pressed with heavy stones while it dried. When they wanted to make a long piece of paper, ⓓ they used sticky liquid from the stems to glue the sheets together.

10 The paper made from papyrus was used to record important information about math, medicine, prayers, and folk tales. All the documents made with papyrus were also called "papyrus." Because the sheets were light and thin, ⓔ they were easy to store and convenient to use. When writing on papyrus, people used the end part of a stem as a pen. No part of the papyrus plant went to waste.

*papyrus 파피루스 《키가 크고 대가 굵은 수생 식물》

🔍 **독해가 더 쉬워지는 Tip** ••

go to waste : 쓸모없이 되다

I missed my train, so the ticket **went to waste**.
(나는 기차를 놓쳐서 기차표는 **쓸모없어졌다**.)

1 **Which of the following is the best topic of the passage?**

① 고대 이집트인들이 약으로 사용한 식물

② 파피루스 식물로 만든 종이와 그 쓰임

③ 파피루스 식물의 여러 쓰임새

④ 고대 이집트의 파피루스 장식품

⑤ 파피루스 식물이 유럽으로 퍼지게 된 계기

2 **이 글의 내용과 일치하면 T, 그렇지 않으면 F를 쓰세요.**

(1) 이집트인들은 종이를 만드는 데 파피루스 줄기를 사용했다. ＿＿＿＿＿＿

(2) 이집트인들은 파피루스에 이집트 왕의 어록을 기록했다. ＿＿＿＿＿＿

(3) 이집트인들은 파피루스 줄기의 끝부분을 펜으로 사용했다. ＿＿＿＿＿＿

3 **Which of the following is different among the underlined ⓐ ~ ⓔ?**

① ⓐ   ② ⓑ   ③ ⓒ   ④ ⓓ   ⑤ ⓔ

4 **다음 빈칸 (A)와 (B)에 공통으로 들어갈 단어를 본문에서 찾아 쓰세요.**

(1) I will ___(A)___ cheese, onions, and peppers on my pizza.

(2) A ___(B)___ of chocolate cream was on top of the cake.

＿＿＿＿＿＿＿＿＿＿＿＿＿＿＿＿

5 **Find the word in the passage which has the given meaning.**

the top or outside layer of something

＿＿＿＿＿＿＿＿＿＿＿＿＿＿＿＿

stem 줄기 / piece 한 부분, 한 조각 / for a while 잠시(동안) / place 놓다, 두다 / right angle 직각 / hammer 망치로 치다 / mash 으깨다 / liquid 액체 / glue (접착제로) 붙이다 / record 기록하다 / information 정보 / medicine 의학, 의술 / prayer 기도 / folk tale 설화, 전설 / document 서류, 문서 / store 저장하다 / convenient 편리한 / go to waste 쓸모없이 되다

교육부 지정 중학 필수 어휘 🎧

정답 및 해설 p.23

distance	몡 거리
describe	동 묘사하다, (말로) 설명하다
object	몡 물건, 물체
mark	몡 1. 자국, 얼룩 2. 기호, 표시 동 표시하다
border	몡 경계, 국경
contrast	몡 대조, 대비 ※ **in contrast with** ~와는 대조적으로 동 대조하다, 대비시키다

아래 해석을 참고하여 다음 각 빈칸에 적절한 단어를 위의 목록에서 골라 쓰세요. (동사의 시제와 명사의 수에 유의)

1   When I was young, I _____ a line on the wall to see if I got taller.

2   She couldn't _____ the accident well because it happened too fast.

3   The walls of this castle mark the _____ of the ancient country.

4   The _____ from my house to school is about 700 meters. It is not that close.

5   Could you pick up that _____ on the table?

6   This picture shows a strong _____ between white clouds and a black bird.

해석 1 어릴 때, 나는 키가 자랐는지 보기 위해서 벽에 선을 표시했다. 2 사고가 너무 빨리 일어나서 그녀는 잘 묘사할 수 없었다. 3 이 성벽은 고대 국가의 경계를 표시한다. 4 우리 집에서 학교까지 거리는 약 700미터이다. 그렇게 가깝지 않다. 5 탁자 위에 있는 물건을 가져다줄 수 있니? 6 이 그림은 흰 구름과 검은 새 사이의 선명한 대조를 보여준다.

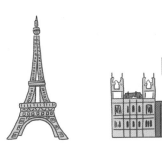

어떤 사진 속 배경에 첨성대가 보인다면 그곳이 경주라는 걸 바로 알 수 있죠? 또, TV 드라마 속 남녀 주인공이 데이트하는 장소가 63빌딩이라면 그곳이 여의도라는 걸 길고 자세하게 <u>describe</u>할 필요없이 쉽게 알 수 있고요. 이렇게 한 지역을 대표하는 상징물을 '랜드마크(landmark)'라고 해요. 물론 **한국뿐 아니라 전 세계 모든 나라에 랜드마크가 있지요.** 호주 시드니의 오페라 하우스, 인도 아그라의 타지마할 같은 곳들 말이에요.

SEE THE NEXT PAGE! »

1 **밑줄 친 describe에 해당하는 우리말을 고르세요.**

① 대비시키다   ② 만들다   ③ 묘사하다   ④ 표시하다

2 **굵게 표시한 부분과 일치하도록 아래 단어를 알맞게 배열하여 문장을 완성하세요.**

There are landmarks _____
the world, not just Korea. (around / in / country / every)

교과서 지식 Bank

중학 사회1 - 위치의 표현

위치를 표현하는 방법은 다양한데요, 경도와 위도를 이용해 표현할 수도 있고, 지도 위에서 위치를 가리킬 수도 있지요. 또, 주소로 표현할 수도 있고, 랜드마크를 이용해 설명하는 방법도 있답니다.

Throughout history, landmarks were often used for directions because people could easily see them from a long distance. The word "landmark" came from the Old English word "landmearc." It was used to describe "an object that marks the borders of a kingdom." After the 1560s, the meaning

5 of "landmark" changed to mean "a famous building or place that is easily recognized." For example, one of the most visited sites in the world, the Eiffel Tower, is a landmark of Paris, France.

There are two types of landmarks. One is natural, and the other is man-made. Natural landmarks are things like mountains or falls that were naturally

10 created. Examples of natural landmarks are the Grand Canyon in the United States and Niagara Falls in Canada. The other type is man-made landmarks. In contrast with natural landmarks, these landmarks are things like buildings or statues. They are also the symbol of an area. The Statue of Liberty in New York and the Great Wall in China are viewed as man-made landmarks.

🔍 **독해가 더 쉬워지는 Tip**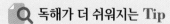

from + 거리[길이] + distance : ~한 거리에서부터

She walked **from a far distance** to her house.
(그녀는 **먼 곳에서부터** 걸어서 집으로 갔다.)

He called **from a long distance**. It was an international call.
(그는 **멀리서부터** 전화했다. 그것은 국제전화였다.)

1 **Which of the following is the best title of the passage?**

① The Importance of Landmarks
② Meanings and Kinds of Landmarks
③ The First Landmark of the World
④ The Way to Build Landmarks
⑤ The Reasons Why We Need Landmarks

2 **이 글의 내용과 일치하면 T, 그렇지 않으면 F를 쓰세요.**

(1) 과거에 랜드마크는 왕국의 크기를 나타내는 사물이었다. _____

(2) 시간이 지나면서 랜드마크의 의미가 바뀌었다. _____

(3) 인공적인 랜드마크는 그 지역의 상징이기도 하다. _____

3 **이 글에서 언급된 랜드마크의 종류 두 가지를 영어로 쓰세요**

_____ , _____

4 **Find the word in the passage which has the given meaning.**

the amount of space between things, places, or points in time

_____

5 **Which of the following has the same meaning as "marks" in the paragraph?**

(a) This symbol on the map marks the site of the airport.
(b) My cousin's dirty shoes left marks all over the floor.

throughout ~동안, ~내내 / landmark 주요 지형지물, 랜드마크 / direction 방향 / kingdom 왕국 / mean 의미하다 / recognize 알아보다 / site 위치, 장소 / man-made 사람이 만든, 인공의 / fall 《복수형》 폭포 / create 만들다, 창조하다 / statue 동상 / symbol 상징 / view 여기다, 생각하다

Chapter
10

What to Learn

점성술을 활용한 특이한 예언과 행동 때문에 사람들은 수학자 네이피어를 '마법사'라고 부르기도 했어요.

일상생활에서 사용되는 '신조어'는 오늘날 사전에 있는 단어들도 있고 없는 단어들도 있어요. 그러면 이 신조어들은 어떻게 생기는 것일까요?

다국적 기업 상품의 판매가를 이용한 경제지표 중 하나인 '스타벅스 지수'에 관해 좀 더 자세히 알아봐요.

우리나라 최초의 근대식 병원, '광혜원'을 설립한 의사 호러스 앨런에 대해 읽어봅시다.

독해가 더 쉬워지는 Tip

decide to do A

as you know

no matter where[when/who/what/how] + 주어 + 동사

A as well as B

교육부 지정 중학 필수 어휘 🎧

정답 및 해설 p.26

aware	형 **알고 있는, 알아차린** ※ **aware of** ~을 알고 있는
tool	명 도구, 연장
supply	명 **공급품, 용품** 동 공급하다, 지급하다
suspect	동 의심하다 명 **혐의자, 용의자**
truth	명 **사실, 진실**
palm	명 1. **손바닥** 2. 야자나무
dust	명 **먼지, 티끌** 동 먼지를 털다

아래 해석을 참고하여 다음 각 빈칸에 적절한 단어를 위의 목록에서 골라 쓰세요. (동사의 시제와 명사의 수에 유의)

1   My father brought some _____ to fix the car.

2   She cleaned all the _____ from the old bookshelves.

3   The dog was eating a cookie from my _____, but then he bit me.

4   People are _____ of the importance of the environment.

5   You can get office _____ on the first floor.

6   Do not lie, and tell the _____.

7   The _____ ran away from the police.

해석 1 아버지는 차를 고치기 위해 몇몇 도구를 갖고 오셨다. 2 그녀는 오래된 책장에 있던 먼지를 모두 닦았다. 3 그 개는 내 손바닥 위의 쿠키를 먹다가 나를 물었다. 4 사람들은 환경의 중요성을 알고 있다. 5 1층에서 사무용품을 얻을 수 있다. 6 거짓말하지 말고 사실을 말해라. 7 그 용의자는 경찰로부터 도망쳤다.

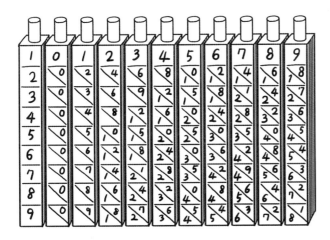

1보다 작은 수를 표현할 때 우리는 분수나 소수를 사용하지요. 그런데 분수가 3천 년 전부터 발달해온 것과 달리 소수는 고작 3백 년 전부터 사용되어 왔어요. 처음으로 소수점을 이용해 소수를 표현한 사람은 존 네이피어(John Napier)라는 수학자예요. 존 네이피어는 40년 넘게 수학을 연구했는데, 간단한 덧셈을 이용하면 곱셈을 쉽게 할 수 있다는 것을 <u>aware</u>

한 그는 1부터 9까지의 곱셈표로 이루어진 막대를 만들었어요. 이 막대는 그의 이름을 따서 네이피어 막대라고 불린답니다. 그의 뛰어난 상상력과 독창성 때문에 몇몇 사람들은 그를 정신이 이상한 사람으로 생각했어요. 또, 어떤 사람들은 그를 마법사라고 생각하기도 했어요. 그에 관한 재미있는 일화 하나를 읽어볼까요?

SEE THE NEXT PAGE! »

1 밑줄 친 aware에 해당하는 우리말을 쓰세요.

_____

2 이 글의 내용과 일치하면 T, 그렇지 않으면 F를 쓰세요.

(1) 소수가 분수보다 먼저 사용되어 왔다. _____

(2) 네이피어 막대는 네이피어의 이름을 따서 만들었다. _____

(3) 모든 사람들이 네이피어의 창의력과 천재성을 찬양했다. _____

교과서 지식 Bank

중2 수학 - 순환소수와 순환마디

분수 $\frac{7}{9}$, $\frac{6}{11}$, $\frac{269}{330}$ 를 소수로 나타내면 각각 0.777..., 0.545454..., 0.8151515...가 돼요. 이와 같이 소수점 아래의 어떤 자리에서부터 일정한 숫자의 배열이 끝없이 되풀이되는 소수를 순환소수라고 하며, 이때 일정하게 되풀이되는 소수점 아래의 한 부분을 순환마디라고 해요.

One day, John Napier became aware that many tools and supplies were disappearing. ⓐ He knew the thief was one of his new workers, but was not sure who. They all said that they were innocent. _____, he decided to do something about it and thought of a way to find out.

5   He called the suspects in front of a room. The room was very dark inside. In the room, there was a "truth telling chicken." ⓑ He told the workers to go into the room and touch the chicken. He said that the chicken could find the thief after they touched it. After each worker went into the room and came back, Napier checked their hands. Everyone had black palms, except one
10 person. His palms were clean unlike the others. Napier knew he was the thief. How did ⓒ he do that?

      Before Napier gathered the workers, ⓓ he covered the chicken with black dust. Only the thief didn't touch the chicken because he was afraid that the chicken would find out. ⓔ He kept his hands in his pockets and lied that he
15 had touched the chicken.

🔍 **독해가 더 쉬워지는 Tip** ••

decide to do A : A를 하기로 결심하다

I **decided to do some extra studying** to get a good grade.
(나는 좋은 점수를 받기 위해서 **추가로 더 공부하기로 결심했다**.)

1 **Which of the following is the best topic of the passage?**

① Napier's funny joke
② why people sometimes lie
③ Napier's wise way to find a thief
④ ways to get a truth telling chicken
⑤ the importance of telling the truth

2 **다음 중 이 글의 내용과 일치하지 <u>않는</u> 것을 고르세요.**

① 네이피어는 일꾼들 중에 도둑이 있다고 생각했다.
② 네이피어는 밝은 방 안으로 용의자들을 불렀다.
③ 네이피어는 닭이 도둑을 찾을 수 있다고 말했다.
④ 네이피어는 방에서 나온 일꾼들의 손을 확인했다.
⑤ 네이피어는 미리 닭을 검은 먼지로 덮어두었다.

3 **Which of the following is different among the underlined ⓐ ~ ⓔ?**

① ⓐ   ② ⓑ   ③ ⓒ   ④ ⓓ   ⑤ ⓔ

4 **다음 중 글의 빈칸에 들어갈 말로 가장 알맞은 것을 고르세요.**

① However   ② So   ③ In addition
④ For example   ⑤ On the other hand

5 **Find the word in the passage which has the given meaning.**

> very small piece of dirt or sand that cover surfaces inside buildings like powder

_____

disappear 사라지다 / thief 도둑 / innocent 결백한 / except ~을 제외하고는 / gather 모으다
선택지 어휘 1 importance 중요성

교육부 지정 중학 필수 어휘 🎧

정답 및 해설 p.28

invent	동 발명하다, 만들다
concept	명 개념
situation	명 1. 경우, 상황 2. 위치, 장소
blend	동 섞다, 혼합하다 명 혼합, 조합
serve	동 1. (음식을) 제공하다 2. (조직·나라를) 위해 일하다, (사람을) 섬기다
excellent	형 훌륭한, 탁월한

아래 해석을 참고하여 다음 각 빈칸에 적절한 단어를 위의 목록에서 골라 쓰세요. (동사의 시제와 명사의 수에 유의)

1　The scientist ＿＿＿＿＿＿＿ a flying automobile.

2　This math question may seem difficult. But when you understand the ＿＿＿＿＿＿＿, you can solve it easily.

3　What time do you ＿＿＿＿＿＿＿ breakfast?

4　She got an ＿＿＿＿＿＿＿ score in the math contest. She won first prize.

5　This morning, I ＿＿＿＿＿＿＿ some bananas and strawberries to make a smoothie.

6　In an emergency ＿＿＿＿＿＿＿, we need to call 119.

해석 1 그 과학자는 날아다니는 자동차를 발명했다. **2** 이 수학 문제는 어려워 보일 수도 있다. 하지만 개념을 이해하면 그것을 쉽게 풀 수 있다. **3** 몇 시에 아침 식사를 제공하나요? **4** 그녀는 수학 대회에서 훌륭한 점수를 받았다. 그녀는 일등상을 탔다. **5** 오늘 아침에 나는 스무디를 만들기 위해서 약간의 바나나와 딸기를 섞었다. **6** 위급한 상황일 때, 우리는 119에 전화해야 한다.

세상이 아주 빠르게 변하면서 우리가 사용하는 단어들도 같이 빠르게 변하고 있어요. 과거에는 존재하지 않았던 concept 또는 생각을 표현하기 위해 매일 새로운 단어나 표현이 만들어지고 있지요. 이런 것들을 신조어(neologism)라고 해요. 우리 일상생활에서 흔히 쓰이지만, 만들어진 지 얼마 되지 않아 아직 사전에서는 찾을 수 없는 단어들도 있어요. 신조어는 쉽고 빠르게 생겨나기도 하지만, 사람들이 점차 사용하지 않게 되면 빠르게 사라지기도 해요. 신조어에도 여러 종류가 있는데, 이 중 두 가지 사례를 보도록 할까요?

SEE THE NEXT PAGE! »

1 밑줄 친 concept에 해당하는 우리말을 쓰세요.

_____

2 이 글의 내용과 일치하면 T, 그렇지 않으면 F를 쓰세요.

(1) 매일 새로운 단어나 표현이 생겨나고 있다.   _____

(2) 일상생활에서 흔히 쓰이지만 사전에 없는 단어들도 있다.   _____

(3) 한 번 생겨난 단어는 좀처럼 사라지지 않는다.   _____

교과서 지식 Bank

중1 국어 – 단일어와 복합어

바다, 사과, 가위 등의 단어는 [바+다], [사+과], [가+위]와 같이 나누어 쓰면 그 단어가 가진 원래의 의미가 사라져요. 이런 단어를 단일어라고 해요. 이와는 달리, 감나무, 김밥, 책꽂이 등의 단어는 [감+나무], [김+밥], [책+꽂이]로 나눌 수 있는데, 이와 같은 단어를 복합어라고 해요.

You can make neologisms in two different ways. First is when we take existing words and put them together to invent a new concept. For example, the words "situation" and "comedy" were blended to create the new concept "sitcom." A sitcom is a funny television drama series about characters.
5 Episodes on sitcoms are usually about events that can happen in our daily lives. Similarly, "brunch" is a mixture of "breakfast" and "lunch." As you know, brunch is the meal served between breakfast and lunch. People usually enjoy it in the late morning.

Neologisms can also be new meanings for existing words. An excellent
10 example is "google." Google is a search engine used by millions of people around the world. But now the word not only represents the website but also the activity of using a search engine to look up information on the World Wide Web. In other words, a proper noun became a common verb.

*neologism 신조어, 새로운 표현

**proper noun 고유명사

 독해가 더 쉬워지는 **Tip** ··

as you know : 아시다시피[알다시피]

As you know, we have a test tomorrow.
(**알다시피**, 우리는 내일 시험이 있다.)

1 Which of the following is the best title of the passage?

① 학생들 사이에서 유행하는 신조어

② 한글을 망치는 신조어의 폐해

③ 맞춤법의 중요성과 우리말을 사랑하는 방법

④ 신조어를 만드는 방법과 쓰임새

⑤ 한국에서 자주 쓰이는 외래어와 신조어

2 다음 중 이 글에 언급되지 <u>않은</u> 것을 고르세요.

① '시트콤'이라는 말이 생겨난 과정

② '브런치'라는 말의 의미

③ 하루 중 사람들이 브런치를 주로 먹는 때

④ '구글'이라는 이름의 유래

⑤ '구글'이라는 말의 새로운 의미

3 다음 빈칸 (A)와 (B)에 공통으로 들어갈 단어를 본문에서 찾아 쓰세요.

(1) The man _____(A)_____ his country for 40 years.

(2) The waiter _____(B)_____ our meals while we were talking.

_____

4 What are two ways that Neologisms are formed? Write the answer in Korean.

_____

_____

5 Find the word in the passage which has the given meaning.

to make or design new things

_____

existing 기존의, 현재 있는 / **sitcom** 시트콤 / **usually** 보통, 대개 / **mixture** 혼합 / **meal** 식사, 끼니 / **search engine** 검색 엔진 / **represent** 나타내다 / **verb** 동사

03

스타벅스 지수

교육부 지정 중학 필수 어휘

정답 및 해설 p.29

identify	동 1. (신원 등을) 확인하다[알아보다] 2. **찾다, 발견하다**
price	명 **값, 가격** 동 ~에 값을 매기다
afford	동 1. (~을 살) 여유[형편]가 되다 2. (부정문·의문문에서) ~을 할 수 있다 3. **주다, 제공하다**
goods	명 1. **상품, 제품** 2. 재산[소유물]
present	형 1. 현재의 2. (사람이 특정 장소에) 있는 명 1. 선물 2. 현재 동 1. 주다 2. 제시[제출]하다 3. **보여 주다**
understanding	명 1. **이해** 2. 합의
value	명 **가치, 값어치** 동 1. 값을 평가하다 2. 소중히 여기다
various	형 여러 가지의, 다양한

아래 해석을 참고하여 다음 각 빈칸에 적절한 단어를 위의 목록에서 골라 쓰세요. (동사의 시제와 명사의 수에 유의)

1 This hotel will _____ you beautiful views of the sea and the chance to relax.

2 I went to _____ countries, and my favorite was Hungary.

3 As eggs are getting more expensive, the _____ of this cake is going up too.

4 The _____ of the lesson was greater than that of any diamond.

5 Scientists will soon _____ a possible new cure for the disease.

6 We used bar graphs to _____ the difference in figures clearly.

7 That video helps students to have a better _____ of today's topic.

8 A group of men broke into three shops in town and stole expensive _____.

해석 1 이 호텔은 당신에게 아름다운 바다 경치와 휴식할 기회를 제공할 것입니다. 2 나는 여러 나라를 다녀봤고, 내가 가장 좋아하는 나라는 헝가리였다. 3 달걀이 점점 더 비싸져서, 이 케이크의 가격 역시 올라갈 것이다. 4 그 수업의 가치는 그 어떤 다이아몬드의 가치보다도 더 높았다. 5 과학자들은 곧 그 병의 가능한 새로운 치유법을 찾을 것이다. 6 우리는 수치 차이를 분명하게 보여 주기 위해 막대그래프를 사용했다. 7 그 영상은 학생들이 오늘의 주제에 대해 더 나은 이해를 할 수 있도록 도와준다. 8 한 무리의 남자들이 마을의 세 가게에 침입해서 값비싼 상품을 훔쳤다.

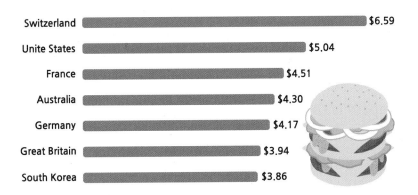

'빅맥 지수(Big Mac Index)'라는 걸 알고 있나요? 맥도날드의 빅맥이 각국에서 얼마에 판매되는지를 비교해 각 국가의 물가 수준과 화폐의 <u>value</u>를 확인하기 위해 만들어진 지수예요. 하지만 햄버거 판매가 예전보다 줄어들고, 나라마다 할인 상품들이 나오면서 빅맥이 더는 기준 상품으로 적당하지 않다는 지적이 나오게 되었지요. 그러면서 빅맥 지수를 대체할 지수로 스타벅스 지수(Starbucks Index), 애플 사의 아이팟 지수(iPod Index) 등 다국적 기업 상품의 판매가를 활용한 경제지표들이 속속 등장하고 있어요.

SEE THE NEXT PAGE! »

1 밑줄 친 value에 해당하는 우리말을 고르세요.

① 이해   ② 가치   ③ 가격   ④ 다양성

2 이 글의 내용과 일치하면 T, 그렇지 않으면 F를 쓰세요.

(1) '빅맥 지수'로 각 국가의 화폐 가치를 알 수 있었다.   _____

(2) 여전히 빅맥은 경제지표로서 적절한 상품이다.   _____

(3) 다국적 기업의 상품을 활용해 물가 수준과 화폐 가치를 알 수 있다.   _____

교과서 지식 Bank

중학 사회2 - 다국적 기업

두 개 이상의 국가에 생산 공장이나 자회사, 지사 등을 운영하여 상품을 생산하고 판매하는 기업을 다국적 기업이라고 하는데, 규모가 크고 전 세계를 대상으로 상품을 판매해요. 맥도날드, 스타벅스, 애플을 비롯해 IBM, 코카콜라, 펩시, 포드 등 많은 회사가 우리나라에도 들어와 있지요.

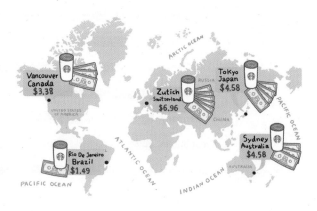

Let's say you order a tall size cup of latte from Starbucks in Seoul, South Korea. Then, if you compare it to one from
5 Starbucks in Toronto, Canada, you will find no difference between them. The only difference you can identify is the prices of the two. Starbucks will afford you with the same cup of coffee no
10 matter where you get your drink, but at different prices. This means that we can compare the prices for the same goods around the world. The Starbucks Index presents these differences in price for the same tall latte around the world. Look at the picture below. As you can see, Zurich, Switzerland, sells a
15 tall latte at the highest price, $6.96. _____, Rio De Janeiro, Brazil, offers the drink at the lowest price, $1.49. This means that, in Rio De Janeiro, you can get more with one dollar than you can in Zurich. This gives you a better understanding of price differences and currency values among various countries.

*tall size 톨 사이즈 《스타벅스에서 파는 음료 크기》

**latte 라테 《뜨거운 우유를 탄 에스프레소 커피》

🔍 독해가 더 쉬워지는 Tip ••

no matter where[when/who/what/how] + 주어 + 동사: (주어)가 어디서[언제/누구를/무엇을/어떻게] ~ 하더라도

No matter who you meet, be polite all the time.
(당신이 **누구를** 만나**더라도**, 항상 공손해라.)

No matter how hard the exam is, you will do great on it!
(**아무리** 시험이 어렵**더라도**, 너는 잘 해낼 거야!)

No matter what happens, I will always be your friend.
(**무슨 일이** 있**더라도**, 나는 항상 너의 친구가 되어 줄게.)

1 **Which of the following is the best title of the passage?**

① How to Get a Free Drink at Starbucks
② What the Starbucks Index Tells Us
③ The Most Popular Drink in Starbucks
④ The Faults of the Starbucks Index
⑤ How to Make a Latte that Tastes Like Starbucks'

2 **이 글의 내용과 일치하면 T, 그렇지 않으면 F를 쓰세요.**

(1) 한국 스타벅스 라테와 캐나다 스타벅스 라테의 차이점은 크기이다. _____

(2) 스타벅스 음료 가격이 가장 높은 곳은 스위스의 취리히이다. _____

(3) 같은 돈으로 취리히보다 브라질에서 더 많은 것을 살 수 있다. _____

3 **Which of the following best fits in the blank?**

① In the beginning   ② At last   ③ On the other hand
④ First of all   ⑤ So

4 **다음 빈칸 (A)와 (B)에 공통으로 들어갈 단어를 본문에서 찾아 쓰세요.**

(1) I don't know how many birthday ____(A)____ I got today.
(2) The artist ____(B)____ a message about protecting the environment with her picture.

_____

5 **Find the word in the passage which has the given meaning.**

many different things or types

_____

compare A to[with] B A와 B를 비교하다 / coffee 커피 / no matter where 어디서 ~하더라도 / index 지수, 지표 / offer 제공하다 / currency 통화

04

광혜원 의사 앨런

medical	형 의학의, 의료의
suggest	동 1. 제안하다, 제의하다 2. 추천하다
treat	동 1. 대하다, 대우하다 2. 대접하다 3. 치료하다, 처치하다
link	명 1. (사슬의) 고리 2. 연결, 유대 동 연결하다, 연결시키다
provide	동 제공하다, 주다 ※ provide A with B A에게 B를 주다
patient	명 환자 형 참을성 있는, 인내심 있는

아래 해석을 참고하여 다음 각 빈칸에 적절한 단어를 위의 목록에서 골라 쓰세요. (동사의 시제와 명사의 수에 유의)

1 The _____ had a fever. He asked his doctor to give him medicine.

2 My friend _____ going to a movie with me yesterday.

3 The hotel _____ us with a free breakfast this morning.

4 Today scientists _____ many types of disease to fast food. So, we should be careful about our eating habits.

5 The doctor was very busy today. He even _____ patients during lunch.

6 He went to _____ school to become a doctor.

해석 1 그 환자는 열이 났다. 그는 의사에게 약을 달라고 했다. 2 내 친구는 어제 나에게 영화를 보러 가자고 제안했다. 3 그 호텔은 오늘 아침에 우리에게 무료 아침 식사를 제공했다. 4 오늘날 과학자들은 많은 종류의 질병을 패스트푸드에 연결한다. 그래서 우리는 식습관에 주의해야 한다. 5 그 의사는 오늘 무척 바빴다. 그는 점심시간에도 환자들을 치료했다. 6 그는 의사가 되기 위해서 의과 대학에 갔다.

우리나라에 처음으로 근대식 병원이 생긴 게 언제인지 아나요? 고종 황제가 조선을 다스리던 1885년이에요. '널리 은혜를 베푼다'는 뜻을 가진 '광혜원'이라는 이름을 가진 이 병원은 미국인 선교사 호러스 앨런 (Horace Allen)이 설립했답니다. 광혜원은 얼마 지나지 않아 '대중을 구제한다'는 뜻의 '제중원'으로 이름을 바꾸었고, 훗날 미국인 루이스 세브란스(Louis Severance)에게 넘겨져 세브란스 병원의 전신이 된답니다. 제중원은 환자를 치료하는 병원이었을 뿐만 아니라 의학도를 양성하는 교육기관의 역할도 겸했어요. 이후 앨런은 초기의 한미관계를 <u>link</u>하는 외교관으로 활동하기도 했답니다.

SEE THE NEXT PAGE! »

1 밑줄 친 link에 해당하는 우리말을 고르세요.

① 제공하다　　　② 제안하다　　　③ 연결하다　　　④ 대접하다

2 이 글의 내용과 일치하면 T, 그렇지 않으면 F를 쓰세요.

(1) 우리나라의 첫 번째 의과 대학의 이름은 광혜원이다.　　————

(2) 광혜원은 미국인에 의해 설립되었다.　　————

(3) 제중원은 병원일 뿐만 아니라 교육기관의 역할도 함께 했다.　　————

교과서 지식 Bank

중학 역사2 - 개항 이후의 조선

1876년 문호 개방 이후, 정부는 통신, 교통, 전기, 의료 등 각 분야에 근대 시설을 적극 도입했어요. 1890년에는 발전소가 건설되면서 서울 시내 일부에 전기가 들어오기 시작했고, 1899년에는 서울과 인천을 잇는, 한반도 최초의 철도인 경인선이 개통되었지요.

As soon as Horace Allen graduated from medical school and became a doctor in 1883, ⓐ he went to China to work as a missionary. During his stay in China, one of his doctor friends suggested going to Korea. There were no western medical doctors in the Joseon Dynasty at that time. So,

5 ⓑ he accepted the offer and came to Korea. At first, he worked for a U.S. government office. However, when Gapsinjeongbyeon happened in 1884, Allen became an important person in Joseon. ⓒ He treated Min Youngik, who was a member of the queen's family. This linked him to the royal family of Joseon. King Gojong provided him with a house to live in. ⓓ He also let

10 him found the first modern hospital in Korea, Gwanghyewon. It was soon renamed by Gojong to Jejungwon. There, Allen worked as a doctor and a teacher at the same time. ⓔ He treated many Korean patients as well as the royal family and taught medical science to students.

*missionary 선교사

독해가 더 쉬워지는 Tip

A as well as B : B뿐만 아니라 A도

He knows a lot about **dogs as well as cats**.
(그는 **고양이뿐만 아니라 개**에 대해서도 잘 안다.)

The school festival is open to **people from the town as well as students**.
(그 학교 축제는 **학생들뿐만 아니라 동네 사람들**에게도 개방되어 있다.)

Extreme sports like bungee jumping are getting popular **in Korea as well as in Japan**.
(번지점프와 같은 극한 스포츠는 **일본뿐만 아니라 한국에서도** 점점 인기가 많아지고 있다.)

1 **Which of the following is the best title of the passage?**

① Why Did Horace Allen Come to Joseon?
② Horace Allen's Life in Joseon
③ Who Is the Greatest Doctor in the World?
④ The Relationship Between Allen and Gojong
⑤ The First Medical School of Joseon

2 **Which of the following is NOT true according to the passage?**

① 앨런은 선교사로 일하기 위해 중국으로 갔다.
② 앨런의 친구는 그에게 한국으로 함께 갈 것을 제안했다.
③ 앨런은 처음에 조선에 있는 미국 정부 사무실에서 일했다.
④ 고종은 앨런에게 살 곳을 마련해 주었다.
⑤ 앨런은 학생들에게 의학을 가르쳤다.

3 **Which of the following is different among the underlined ⓐ ~ ⓔ?**

① ⓐ   ② ⓑ   ③ ⓒ   ④ ⓓ   ⑤ ⓔ

4 다음 빈칸 (A)와 (B)에 공통으로 들어갈 단어를 본문에서 찾아 쓰세요.

(1) When I was sick, my older sister ___(A)___ me like a baby.
(2) The doctor ___(B)___ the player's wound after the game.

_____

5 다음 영영 뜻풀이에 해당하는 단어를 이 글에서 찾아 쓰세요.

connected to diseases and the treatment of them

_____

graduate 졸업하다 / western 서양의 / dynasty 왕조 / accept 받아들이다, 수락하다 / offer 제안, 제의 / government 정부, 정권 / office 사무실 / royal 국왕의, 왕실의 / found 설립하다 / modern 현대의, 근대의 / rename 이름을 다시 짓다 / at the same time 동시에 / A as well as B B뿐만 아니라 A도
선택지 어휘 4 wound 상처 5 treatment 치료

Chapter
11

What to Learn

예전에 아스테카 왕국에서는 귀한 손님에게만 초콜릿 음료를 대접했어요.
하지만 귀한 손님들은 초콜릿에 눈이 멀어 그 왕국에 위협이 되었지요.

문화적 차이에서 오는 오해와 갈등을 해소하려면 각 지역이나 연령, 성별
에 따른 문화를 이해하기 위한 노력이 필요해요.

각 지역의 기후와 해발 고도에 따른 기온 차이를 에콰도르에 있는 도시
키토를 통해 알아봐요.

우리 주변에서 쉽게 볼 수 있는 안경은 언제부터 사용했을까요? 예전에도
지금처럼 흔했을까요?

독해가 더 쉬워지는 Tip

along with

it ~ for A to + 동사원형

as

as well
in turn

교육부 지정 중학 필수 어휘

정답 및 해설 p.34

recite	몡 요리법, 조리법	

recipe	몡 요리법, 조리법
amount	몡 1. 총액, 액수 2. (무엇의) **양**
bitter	혱 1. 격렬한, 매서운 2. **맛이 쓴**
precious	혱 1. **소중한, 귀중한** 2. (금전적 가치를 지닌) 값비싼, 귀한
gather	동 1. 모으다, 수집하다 2. **따다, 수확하다**
journey	몡 **여행, 여정** 동 여행하다

아래 해석을 참고하여 다음 각 빈칸에 적절한 단어를 위의 목록에서 골라 쓰세요. (동사의 시제와 명사의 수에 유의)

1 My grandfather always says that health is more _____ than money.

2 Good medicine tastes _____. Sometimes, good things can also hurt.

3 Do not use a large _____ of sugar. It is going to be too sweet.

4 I'm excited about my _____ to Brazil this summer.

5 Grandma's chocolate chip cookie _____ is like our family's treasure.

6 The farmer _____ his fruits and sold them to the market.

해석 1 할아버지께서는 항상 건강이 돈보다 더 귀중하다고 말씀하신다. **2** 좋은 약은 입에 쓰다. 가끔은, 좋은 것들이 아프게 할 수도 있다. **3** 많은 양의 설탕을 쓰지 마라. 너무 달게 될 것이다. **4** 나는 이번 여름에 브라질로 가는 여행 때문에 신이 났다. **5** 할머니의 초콜릿 칩 쿠키 조리법은 우리 집안의 보물과도 같다. **6** 농부는 과일들을 따서 그것들을 시장에 팔았다.

1519년 스페인 정복자 에르난 코르테스(Hernán Cortés)는 현재의 멕시코시티인 당시의 아스테카 왕국의 수도에 도착해요. 아스테카 왕국의 황제 무테수마는 코르테스가 신이 보낸 존재라고 생각해 좋은 음식과 초콜릿 음료를 대접하며 환대했어요. 코르테스는 이곳에서 처음 접한 초콜릿 음료에 감탄했고, 이것에 관해 스페인 왕에게 편지를 쓰기도 했어요. 그 편지에는 초콜릿이 사람의 기분을 좋게 해준다는 내용도 적혀 있었어요. 처음에는 친절한 손님이었던 코르테스는 나중에는 아스테카 왕국에 위협이 되는데요, 카카오 열매가 얼마나 **precious**한지 알게 되자, 군대를 이끌고 아스테카 왕국을 공격한 것이었어요. 1521년, 그는 아스테카 왕국을 지배하고, 카카오 농장을 운영하기 시작했어요.

SEE THE NEXT PAGE! »

1 밑줄 친 precious에 해당하는 우리말을 고르세요.

① 달콤한　　　　　　② 귀중한　　　　　　③ 맛이 쓴

2 이 글의 내용과 일치하면 T, 그렇지 않으면 F를 쓰세요.

(1) 아스테카 왕국의 황제는 코르테스가 신이 보낸 존재라고 생각했다. ＿＿＿＿＿
(2) 코르테스는 아스테카 왕국에 오기 전부터 초콜릿 음료에 대해 알고 있었다. ＿＿＿＿＿
(3) 코르테스는 아스테카 왕국을 공격하고 지배했다. ＿＿＿＿＿

교과서 지식 Bank

중학 역사1 - 아스테카 문명

콜럼버스 일행이 아메리카 대륙에 도착하기 이전부터 아메리카에는 이미 높은 문명이 발달해 있었어요. 멕시코 고원 지대에서는 아스테카 문명이 발달하여 거대한 피라미드와 뛰어난 금은 세공품, 한 해의 절기나 달을 정교하게 계산하는 방법 등을 남겼고, 페루와 칠레에 걸쳐 있는 안데스 고원 지대에서는 잉카 문명이 발달해 뛰어난 건축술과 금속 세공 기술을 보여 주었어요.

Hernán Cortés took some cacao beans to Spain in 1528. Along with the beans, he also took another important thing, the chocolate drink recipe. Then people in Spain discovered a way to make the drink better. ⓐ They added a small amount of sugar! The sugar in the drink
5　made it taste a lot better. At first, ⓑ they drank it cold. Soon, they started to drink it hot. The new chocolate drink was not bitter any longer. It was sweeter and became very popular all over Spain. ⓒ They continued to experiment to develop better tasting chocolate drinks.

For about 100 years, Spain did not tell any other countries about ⓓ
10　their precious drink. It was their secret. Nobody else knew about cacao beans. Only the Spanish grew and gathered cacao beans in Central America and sometimes sold ⓔ them to other countries in Europe. In 1606, an Italian who took a journey to Spain brought some chocolate to Italy. From there to Austria and the Netherlands, more and more
15　people learned about this chocolate drink. In 1615, the Spanish princess married King Louis the Thirteenth of France. She brought cacao beans to Paris. After that, people in France started to enjoy chocolate, too.

🔍 독해가 더 쉬워지는 **Tip** ●●●

along with : ~와 함께

Along with a new shirt, she also bought a new skirt.
(새로운 셔츠**와 함께**, 그녀는 새 치마도 샀다.)

Along with my wallet, I also lost my shoes.
(나의 지갑**과 함께**, 나는 신발도 잃어버렸다.)

1 **Which of the following is the best topic of the passage?**

① the Europeans' favorite types of chocolate

② how a chocolate drink was introduced and spread in Europe

③ how Europeans made chocolate bars

④ the difference between Spanish chocolate and French chocolate

⑤ a recipe for a chocolate drink

2 **다음 중 이 글의 내용과 일치하지 <u>않는</u> 것을 고르세요.**

① 에르난 코르테스가 스페인으로 초콜릿 음료 조리법을 가져왔다.

② 스페인 사람들은 초콜릿 음료에 설탕을 추가해서 마셨다.

③ 초콜릿 음료를 처음에는 뜨겁게 마시다가 나중에 차갑게 마시기 시작했다.

④ 초콜릿은 약 100년 동안 스페인 사람들만의 비밀이었다.

⑤ 스페인에 여행 온 이탈리아 사람이 이탈리아로 초콜릿을 가져갔다.

3 **Which of the following is different among the underlined ⓐ ~ ⓔ?**

① ⓐ   ② ⓑ   ③ ⓒ   ④ ⓓ   ⑤ ⓔ

4 **What caused the spread of cacao beans in France? Write the answer in Korean.**

_____

5 **다음 빈칸 (A)와 (B)에 공통으로 들어갈 단어를 본문에서 찾아 쓰세요.**

> (1) The scientists _____(A)_____ information about the new plants. They
> believe they can make a new medicine.
> (2) My uncle and I _____(B)_____ all the crops last August. The harvest
> was very good this year.

_____

along with ~와 함께 / discover 알아내다 / taste (~의) 맛이 나다 / not ~ any longer 더 이상 ~ 않는 / popular 인기 있는, 대중적인 /
continue 계속하다, 이어지다 / experiment 실험하다 / develop 발달하다, 개발하다 / secret 비밀 / Central America 중앙아메리카 /
Austria 오스트리아 / Netherlands 네덜란드
선택지 어휘 5 crop 농작물 / harvest 수확

교육부 지정 중학 필수 어휘 🎧

정답 및 해설 p.36

confidence	명 1. **자신감** 2. 신뢰, 믿음
insult	동 **모욕하다** 명 모욕
acceptable	형 1. 받아들일 수 있는 2. (사회적으로) **용인되는**
cheek	명 볼, **뺨**
hug	동 **껴안다, 포옹하다** 명 껴안기, 포옹
gender	명 성, **성별**
consider	동 1. 사려하다, 숙고하다 2. **~로 여기다[생각하다]**
behavior	명 **행동, 태도**

아래 해석을 참고하여 다음 각 빈칸에 적절한 단어를 위의 목록에서 골라 쓰세요. (동사의 시제와 명사의 수에 유의)

1 After he won the first prize in the contest, he gained _____ in singing.

2 The rude boy _____ his sister and made her cry.

3 The baby _____ the puppy in his arms. The puppy kissed the child in return.

4 He divided the class into two groups by _____. One has only girls, and the other has only boys.

5 I _____ my friend Laura the best dancer in school. No one can dance like her.

6 His polite _____ toward people makes everyone love him.

7 It is _____ to call older people by their names in Western cultures.

8 The shy girl's _____ turned red like roses.

해석 1 경연 대회에서 일등상을 받은 후에, 그는 노래에 자신감을 얻었다. 2 예의 없는 소년이 자신의 여동생을 모욕했고 그녀를 울게 했다. 3 아기는 강아지를 품에 안았다. 강아지는 보답으로 아이에게 뽀뽀했다. 4 그는 학급을 성별로 두 그룹으로 나누었다. 하나는 여자아이들뿐이고, 나머지 하나는 남자아이들뿐이다. 5 나는 내 친구 로라를 학교 최고의 춤꾼으로 생각한다. 아무도 그녀처럼 춤출 수 없다. 6 사람들을 대하는 그의 공손한 행동은 모두가 그를 좋아하게 만든다. 7 서양 문화권에서는 나이가 많은 사람을 이름으로 부르는 것이 용인된다. 8 수줍은 소녀의 뺨은 장미처럼 붉게 물들었다.

한 나라 안에서도 지역에 따라, 연령에 따라, <u>gender</u>에 따라 조금씩 다른 문화가 존재하곤 하는데요, 가끔은 이런 문화적 차이 때문에 오해가 생기기도 해요. 그러니 서로 다른 문화권에서 생활하는 사람들끼리 만났을 때는 더 큰 문화적 차이가 있을 테고, 훨씬 심각한 오해를 낳을 수도 있겠지요? 우리나라에는 아기를 보면 귀엽다며 얼굴이나 머리를 쓰다듬는 어른들이 종종 있는데요, 태국과 캄보디아에서는 상대방의 머리를 만지는 게 굉장히 무례한 행동이에요. 그곳에서는 사람의 머리를 가장 신성한 부위로 여기기 때문이지요. 이외에도, **문화에 따라 다르게 여겨지는 행동들이 있답니다.**

SEE THE NEXT PAGE! »

1   밑줄 친 gender에 해당하는 우리말을 고르세요.

① 행동, 태도   ② 포옹   ③ 성, 성별   ④ 자신감

2   굵게 표시한 부분과 일치하도록 아래 단어를 알맞게 배열하여 문장을 완성하세요.

Some behaviors are considered _____
_____. (other / cultures / by / differently)

교과서 지식 Bank

중1 국어 - 몸짓은 같아도 의미는 다르다

「몸짓은 같아도 의미는 다르다」라는 강연은 한 나라에서는 좋은 뜻으로 받아들여지는 몸짓도 다른 나라에서는 전혀 다른 의미로 받아들여질 수 있다는 내용이에요. 몸짓 하나의 차이를 배우는 것이 다른 문화권을 이해하는 첫걸음이 될 수 있답니다.

In Western cultures, eye contact shows confidence and honesty. People teach their children to look others in the eye when talking. It shows that they are listening. However, in countries in Asia or the Middle East, it is not the same. If you look others in the eye, people might think that you are
5 insulting them.

In our culture, it is okay for adults to compliment babies. It is also acceptable in Western cultures. _____, this should be avoided in Vietnamese cultures. They believe that a spirit will steal the baby if she hears it.

Likewise, in Western cultures, people often lightly kiss each other on
10 the cheek or hug as a way of saying hi. However, in countries in Asia or the Middle East, these types of touching between different genders are considered too much.

As we have seen, the same kind of behavior can be used in one culture but not in another. Sometimes, the same behavior can mean a totally different
15 thing in a different culture. We should accept other cultures and try to learn the differences.

🔍 **독해가 더 쉬워지는 Tip** •••

it ~ for A to + 동사원형 : A이[가] …하는 것은 ~하다

It is important for you to exercise every day.
(당신이 매일 **운동하는 것은 중요하다**.)

It is dangerous for children to swim in this pool. It is too deep for them.
(아이들이 이 수영장에서 **수영하는 것은 위험하다**. 그곳은 그들에게 매우 깊다.)

1 다음 중 이 글의 내용과 일치하지 <u>않는</u> 것을 고르세요.

① 서양 문화에서 눈 맞춤은 좋은 것이다.

② 중동 국가에서 다른 사람의 눈을 쳐다보는 것은 무례한 것이다.

③ 서양 문화에서 아이를 칭찬하는 것은 괜찮다.

④ 베트남에서 아이에게 귀엽다고 하는 것은 범죄이다.

⑤ 아시아 국가에서 남녀 간의 포옹 인사는 지나친 것으로 여겨진다.

2 **Which of the following best fits in the blank?**

① For example   ② Otherwise   ③ Therefore

④ Moreover   ⑤ However

3 다음 중 이 글의 밑줄 친 **considered**와 같은 뜻으로 쓰인 것을 고르세요.

(a) We <u>considered</u> the problem very carefully to find solutions.

(b) They <u>considered</u> their dog a family member.

4 다음 빈칸 (A)와 (B)에 공통으로 들어갈 단어를 본문에서 찾아 쓰세요.

(1) I have _____(A)_____ in her. She will do great on the test.

(2) His hard work gave him _____(B)_____ when he was doing the presentation.

_____

5 **Which set of words best fits in the blanks (A) and (B) according to the passage?**

In another culture, it is _____(A)_____ for an identical action to have the completely _____(B)_____ meaning.

	(A)		(B)
①	natural	⋯⋯	same
②	possible	⋯⋯	opposite
③	important	⋯⋯	similar
④	essential	⋯⋯	same
⑤	special	⋯⋯	opposite

eye contact 눈 맞춤 / honesty 정직 / Middle East 중동 / compliment 칭찬하다 / avoid 피하다, 기피하다 / spirit 혼령, 유령 / steal 훔치다, 도둑질하다 / likewise 비슷하게 / lightly 가볍게 / totally 완전히 / accept 받아들이다, 인정하다

선택지 어휘 **4 presentation** 발표, 프레젠테이션 **5 identical** 같은 / **essential** 필수적인

03 적도와 가까운 도시 Quito

교육부 지정 중학 필수 어휘 🎧

정답 및 해설 p.38

climate	명 1. **기후** 2. 분위기, 풍조
settle	동 1. 해결하다, 합의를 보다 2. **결정하다** ※ **settle on** (생각 끝에) ~을 결정하다
comment	명 논평, 언급 동 **견해를 밝히다**
average	형 1. **평균의** 2. 보통의, 평범한 명 보통, 평균
concrete	형 **구체적인, 명확한** 명 1. 콘크리트 2. 구체적 관념
wonder	동 **궁금해하다, 알고 싶어 하다** 명 경이, 감탄
dense	형 1. **밀집한, 빽빽한, 밀도가 높은** 2. (안개 등이) 자욱한, 짙은

아래 해석을 참고하여 다음 각 빈칸에 적절한 단어를 위의 목록에서 골라 쓰세요. (동사의 시제와 명사의 수에 유의)

1 In his class, the artist _____ that his student's drawing was perfect.

2 My _____ amount of sleep is about 7 hours a day.

3 When I was young, I always _____ how planes could fly in the sky.

4 I need some _____ examples to understand this sentence.

5 We _____ on going to China for our summer vacation after talking.

6 This car is made from _____ metal. It is heavy and strong.

7 The _____ is great here. It is never too hot or too cold.

해석 **1** 그의 수업 시간에, 그 예술가는 자신의 학생의 그림이 완벽했다고 견해를 밝혔다. **2** 내 평균 수면량은 하루에 7시간 정도이다. **3** 나는 어릴 때 어떻게 비행기가 하늘에서 나는지 항상 궁금했다. **4** 나는 이 문장을 이해하기 위해서 구체적인 예시가 좀 필요하다. **5** 우리는 이야기를 나눈 뒤, 여름 방학에 중국에 가기로 결정했다. **6** 이 자동차는 밀도가 높은 금속으로 만들어졌다. 그것은 무겁고 강하다. **7** 이곳의 기후는 정말 좋다. 너무 덥지도 않고 너무 춥지도 않다.

아빠와 나는 함께 모험하는 것을 좋아해서 해마다 여름이 되면 같이 재미있는 활동을 해요. 국내 곳곳을 돌아다니며 공룡 발자국을 찾기도 하고, 별자리를 보러 다니기도 해요. **이번 여름에는 한 달 동안 먼 곳으로 특별한 여행을 떠나기로 했어요.** climate가 다른 여러 장소에 가 보고 싶었거든요. 날씨에 알맞은 옷을 고르느라 짐을 싸는 데 많은 시간을 보내야 했지만, 장소에 따라 기후가 어떻게 다른지, 그리고 왜 그런 차이가 생기는지를 직접 경험할 수 있다는 생각에 무척 설렜어요. 우리가 가장 처음 도착한 곳은 에콰도르(Ecuador)에 있는 키토(Quito)라는 도시였어요.

SEE THE NEXT PAGE! »

1 **굵게 표시한 부분과 일치하도록 아래 단어를 알맞게 배열하여 문장을 완성하세요.**

> We decided to _____ to a faraway place for a month this summer. (a / trip / take / special)

2 **밑줄 친 climate에 해당하는 우리말을 고르세요.**

① 관념　　　　② 기후　　　　③ 논평　　　　④ 평균

교과서 지식 Bank

중학 사회1 - 적도와 기후

기후는 기온, 강수량, 바람 등을 기준으로 구분해요. 한 지역에서 오랜 기간 나타난 기온, 강수량, 바람들을 평균으로 낸 것이죠. 적도와 가까운 지역들은 높은 온도와 습기가 많은 열대우림기후를 나타내요. 이는 다른 지역에 비해 태양의 남중고도가 높아 태양에너지를 많이 받기 때문이랍니다.

Quito is only 35 kilometers from the equator. I thought that the city would have a tropical climate and would be very hot and humid. So, I settled on wearing shorts. When my father saw me, he just smiled without commenting. When we arrived, it was not hot at all. It was 14°C in the daytime and dropped to 4°C at night. The average temperature in both summer and winter is about 12°C because Quito is 2,850 meters above the sea. My father said that when a city is high, it has cooler temperatures.

I didn't understand the concrete reason. "Isn't it hotter on top of a mountain because you are closer to the sun?" I wondered. My father smiled and explained the reason. Hot air rises, but air pressure goes down as you go up. Because there is less air pressure on top of a mountain, the air is less dense and gets cooler.

*air pressure 기압

🔍 독해가 더 쉬워지는 Tip ···

as : ① [때] ~할 때, ~하는 동안; ~하면서

The mom cleaned the house **as** her baby slept.
(그 엄마는 아기가 자는 **동안** 집을 청소했다.)

② [양태 · 상태] ~대로, ~인 채로

Do **as** I say. It is the only way to win the game.
(내가 말한 **대로** 해라. 게임을 이길 수 있는 유일한 방법이다.)

③ [이유] ~이기 때문에

As you are the last to leave, please close the window.
(당신이 마지막으로 떠나**기 때문에**, 창문을 좀 닫아주세요.)

④ [비례] ~함에 따라, ~할수록

As my grandmother became older, she grew weaker and more ill.
(우리 할머니가 나이가 들**수록**, 점점 약해지고 편찮으셨다.)

1 **Which of the following is the best title of the passage?**

① The Difference between Quito and Korea
② My Summer Trip to Brazil
③ Why the Climate Is Cool in Quito
④ Countries I've Visited This Summer
⑤ What I've Learned of Ecuador's History

2 **다음 중 이 글의 내용과 일치하지 않는 것을 고르세요.**

① 나는 키토가 매우 덥고 습할 거라고 예상했다.
② 키토는 밤이 되면 섭씨 4도로 떨어졌다.
③ 키토의 여름 평균 기온은 겨울 평균 기온보다 높다.
④ 키토는 해발 2,850미터 위치에 있다.
⑤ 산의 정상은 기압이 더 낮기 때문에 더 시원하다.

3 **다음 중 이 글의 밑줄 친 dense와 같은 뜻으로 쓰인 것을 고르세요.**

(a) The fog was very dense. I could not see anything in front of me.
(b) This small but dense town is near a much bigger city.

4 **Why did 'I' think that it would be hotter on top of the mountain? Write the answer in Korean.**

_____

5 **다음 영영 뜻풀이에 공통으로 해당하는 단어를 이 글에서 찾아 쓰세요.**

ⓐ a mixture of cement, sand, small stones, and water
ⓑ specific and detailed

_____

equator 적도 / **tropical** 열대 지방의, 열대의 / **humid** 습한 / **shorts** 반바지 / **daytime** 낮 (시간) / **temperature** 기온, 온도 / **reason** 이유, 근거 / **explain** 설명하다 / **rise** 오르다
선택지 어휘 5 mixture 혼합물 / **cement** 시멘트 / **specific** 구체적인 / **detailed** 상세한

교육부 지정 중학 필수 어휘 🎧

정답 및 해설 p.40

obvious	형 분명한, 명백한
century	명 세기, 100년
publish	동 출판하다, 발행하다
scholar	명 학자
encourage	동 1. 격려하다, ~의 용기를 북돋우다 2. 장려하다, 촉진하다, 조장하다
mass	명 1. 덩어리 2. 다량, 다수 형 1. 대량의, 대규모의 2. 대중적인

100 years = 1c

아래 해석을 참고하여 다음 각 빈칸에 적절한 단어를 위의 목록에서 골라 쓰세요. (동사의 시제와 명사의 수에 유의)

1   In the 21st _____, there are no kings in most countries. There are presidents.

2   He _____ his first book when he was 14. Now, at age 20, he is a famous writer.

3   At the Nobel Prize ceremony, all the world famous _____ came to celebrate.

4   The hot weather _____ many people to travel to cool areas for their summer vacation.

5   The difference between these twins is so _____. One is tall, and the other is short.

6   _____ production of toothbrushes began in America around 1885.

해석 **1** 21세기에 대부분의 나라는 왕이 없다. 대통령이 있다. **2** 그는 14살 때 처음으로 책을 출판했다. 이제, 20살의 나이로 그는 유명한 작가가 되었다. **3** 노벨상 시상식에 세계의 모든 유명한 학자들이 축하하기 위해 모였다. **4** 더운 날씨는 많은 사람이 시원한 지역으로 여름휴가를 가도록 조장했다. **5** 이 쌍둥이들의 차이점은 아주 분명하다. 한 명은 키가 크고 다른 한 명은 작다. **6** 칫솔의 대량 생산은 1885년경 미국에서 시작되었다.

시력이 나쁜 사람들에게 안경은 '제2의 눈'이라고 불릴 만큼 생활하는 데 아주 중요한 물건이죠. 요즘은 콘택트렌즈, 시력 교정 수술 같은 방법으로 시력을 보완할 수 있지만, 옛날 사람들에게 안경은 유일한 시력 교정 방법이었어요. 시력 교정용이 아닌 눈을 보호하기 위한 보호용 안경은 동양에서는 고대 중국, 서양에서는 네로 황제 시절부터 착용했다고 해요. 시력 교정용 안경에 대해서는 확실한 역사적 기록이 없어서 <u>obvious</u>하지 않지만, 13세기 이탈리아에서 처음 발명된 것으로 추측되고 있어요. 그리고 **초기에는 학자들과 같은 소수의 사람들만이 안경을 사용했다고 해요.** 우리나라에서는 조선 시대의 문신이었던 김성일이 착용한 안경이 최초의 안경이었다고 하는데요, 당시에는 '안경'이라는 말 대신 중국의 발음을 그대로 따온 '애체'라는 이름으로 불렸다고 하네요.

SEE THE NEXT PAGE! ≫

1 밑줄 친 obvious에 해당하는 우리말을 고르세요.

① 분명한   ② 대중적인   ③ 대량의

2 굵게 표시한 부분과 일치하도록 아래 빈칸에 적절한 단어를 쓰세요.

In the early days, only a few people such as _____ used glasses.

교과서 지식 Bank

중2 과학 - 시력 교정

주변을 둘러보면 안경을 쓰는 사람들을 많이 볼 수 있어요. 가까이 있는 물체는 잘 보이지만 멀리 있는 물체는 뚜렷하게 보이지 않는 것을 근시라고 하고, 오목 렌즈로 교정을 해요. 반대로 멀리 있는 물체는 잘 보이지만 가까이 있는 물체는 뚜렷하게 보이지 않는 것을 원시라고 하고, 볼록 렌즈로 교정을 합니다.

Do you know who invented eyeglasses? Actually, nobody knows. There is no obvious record of the invention of eyeglasses. However, many people say that they were first made in Italy in the 13th century. A tomb in Florence says "Here lies Salvino, son of Armato degli Armati of Florence, inventor
5 of eyeglasses." There is more evidence as well. *Roidi da Ogli*, the word for eyeglasses, appeared in a book that was published in Venice, Italy, around 1300.

The earliest eyeglasses were held in front of the eyes or placed on the nose. And they were usually only worn by a few people, such as monks
10 and scholars. However, in the 16th century, more people started to wear eyeglasses. This is because books became popular among people because of Johannes Gutenberg's printing technology. This created more and more need for eyeglasses. And this, in turn, encouraged new designs and mass production of eyeglasses.

*monk 수도승

🔍 독해가 더 쉬워지는 Tip ....

as well : ~뿐만 아니라, ~도

Can I have a glass of orange juice and a cup of tea **as well**?
(저 오렌지 주스 한 잔이랑 차 한 잔**도** 주시겠어요?)

in turn : 결국, 결과적으로

We made too much food yesterday. We, **in turn**, have to throw out a lot of garbage now.
(우리는 어제 음식을 너무 많이 만들었다. **결과적으로** 우리는 지금 많은 쓰레기를 버려야 한다.)

She got all wet when it rained last night. **In turn**, she got a cold with a high fever.
(그녀는 어젯밤 비가 올 때 흠뻑 젖었다. **결국** 그녀는 고열이 나는 감기에 걸렸다.)

1 **Which of the following is the best topic of the passage?**

① 시대 변화에 따른 안경의 변천사

② 선글라스를 처음 발명한 사람

③ 안경의 발명가와 대중화

④ 안경의 장단점

⑤ 세계 안경 장인들의 유명한 안경

2 **Which of the following is NOT true according to the passage?**

① 1300년경에 베니스에서 출판된 책에 안경이라는 말이 등장했다.

② 초기의 안경은 코 위에 놓이기도 했다.

③ 초기에는 소수의 사람들만이 안경을 썼다.

④ 수도승들은 안경을 쓰는 것이 예의에 어긋난다고 여겼다.

⑤ 16세기에 안경을 쓰는 사람들이 많아졌다.

3 **Which of the following has the same meaning as "mass" in the second paragraph?**

(a) Some scientists say that there might be a <u>mass</u> extinction of animals on Earth.

(b) Kids were using a big <u>mass</u> of snow to make snowmen.

4 다음 영영 뜻풀이에 해당하는 단어를 이 글에서 찾아 원형으로 쓰세요.

to persuade or recommend someone to do something

_____

5 안경 쓰는 사람들이 많아진 이유에 대해 이 글의 내용과 일치하도록 빈칸에 알맞은 말을 쓰세요.

요하네스 구텐베르크가 (1) _____을 발명함

→ (2) _____이 인기가 많아짐

→ 더 많은 사람들이 (3) _____을 필요로 함

---

invent 발명하다 / **actually** 실제로, 사실은 / **record** 기록 / **invention** 발명 / **tomb** 무덤 / **inventor** 발명가 / **evidence** 증거 / **as well** ~뿐만 아니라, ~도 / **appear** 등장하다, 나타나다 / **place** 놓다, 두다 / **among** ~ 사이에 / **printing** 인쇄 / **technology** 기술 / **in turn** 결국, 결과적으로 / **production** 생산

선택지 어휘 **3 extinction** 멸종 **4 persuade** 설득하다 / **recommend** 권하다

Chapter 12

What to Learn

'눈에 보이지는 않지만 결코 깨뜨릴 수 없는 장벽'이라는 의미인 유리천장은 대표적인 사회 집단의 차별 중 하나예요.

많은 사람들이 좋아하는 초콜릿은 크게 세 가지 종류로 나눌 수 있는데, 각각의 특징에 대해 좀 더 알아봐요.

우리나라의 유물이 프랑스 박물관에 가게 된 이유와 그것을 다시 찾기 위해 어떤 노력을 했는지 알아봐요.

옛날 사람들은 바닷물이 짠 이유가 한 형제 때문이라고 생각했어요. 그 형제에겐 어떤 일이 있었는지 읽어봅시다.

독해가 더 쉬워지는 Tip

비교급 + than ever (before)

be known as

get A back

Legend has it (that) + 주어 + 동사

교육부 지정 중학 필수 어휘 🎧

정답 및 해설 p.42

ceiling	명 천장	
widely	부 1. 널리, 폭넓게 2. 대단히, 크게	
race	명 1. 경주, 달리기 (시합) 2. **인종, 종족**	
educational	형 **교육의, 교육적인**	
responsibility	명 **책임, 책무, 의무**	
environment	명 1. (주변의) **환경** 2. (자연) 환경	
competition	명 1. **경쟁** 2. 대회, 시합	

아래 해석을 참고하여 다음 각 빈칸에 적절한 단어를 위의 목록에서 골라 쓰세요. (동사의 시제와 명사의 수에 유의)

1 _____ between companies can drop the prices of products.

2 In America, many different _____ of people are living together.

3 It's her _____ to collect the information about the writer for our team presentation.

4 She used to live in a clean _____. There was no trash, and the air was clean, too.

5 The strange rumors about the old house are _____ believed.

6 Our school provides the perfect _____ programs for our students.

7 After I finished painting the walls blue, my father helped me paint the _____ white. It was too high for me.

해석 1 회사 간의 경쟁은 제품의 가격을 낮출 수 있다. **2** 미국에는 여러 다양한 인종의 사람들이 함께 살고 있다. **3** 우리 팀 발표를 위해 그 작가에 관한 정보를 수집하는 것은 그녀의 책임이다. **4** 그녀는 깨끗한 환경에서 살곤 했다. 그곳에는 쓰레기도 없고 공기도 맑았다. **5** 그 오래된 집에 관한 이상한 소문이 널리 알려져 있다. **6** 우리 학교는 학생들에게 완벽한 교육 프로그램을 제공한다. **7** 내가 벽을 파란색으로 페인트칠하는 것을 끝낸 후, 아버지가 천장을 하얀색으로 칠하는 것을 도와주셨다. 그것은 나에게 너무 높았다.

3월 8일은 UN이 정한 '세계 여성의 날'이에요. 매년 세계 여성의 날 무렵이 되면 영국의 한 경제 관련 잡지에서 '유리천장(glass ceiling) 지수'라는 걸 발표하는데요, OECD 회원국을 상대로 여성의 고등교육, 남녀 임금 격차, 여성 기업 임원 등을 조사해 점수화한 등급표예요. 2016년에 우리나라는 100점 만점에서 25점을 받아 조사국 중 최하위를 기록했어요. 이 점수는 우리나라가 아직 사람들이 생각하기에 남녀가 공평한 environment가 아니라는 의미이기도 해요.

SEE THE NEXT PAGE! ≫

1   밑줄 친 environment에 해당하는 우리말을 쓰세요.

_____

2   이 글의 내용과 일치하면 T, 그렇지 않으면 F를 쓰세요.

(1) UN에서는 매년 '유리천장 지수'를 발표한다.   _____

(2) '유리천장 지수'는 OECD 회원국을 조사해서 만들어진다.   _____

(3) 우리나라는 조사국 중 최하위를 기록한 적이 있다.   _____

교과서 지식 Bank

중학 사회1 - 사회 집단의 차별

우리 사회에서 일어나는 차별과 갈등으로는 정보 격차, 지역 차별, 인종 차별, 남녀 차별 등을 들 수 있어요. 하지만 자신이 속해 있는 사회 집단과 다르다는 이유로 다른 사회 집단을 무시하는 것은 옳지 않은 태도예요. 상대방에게 갖고 있는 고정관념이나 편견을 버리고, 사회 집단의 차별과 갈등을 줄여나가는 노력을 해야 합니다.

The word "glass ceiling" describes a wall that we can't see with our eyes but is there. This word was first used to talk about women in the workplace. The wall kept women from rising up in companies because of their gender. Now, it is also widely used for workers who are treated unfairly because of their race, 5 educational background, or age. The ceiling is "glass" because everyone can see "the sky" through the glass but can't reach it. The sky means "the higher positions in companies."

As you get closer to the top of a company, you will see more "_____ _____." This means men often choose other men for higher positions. 10 Men often think it's easier to work with men rather than women. There are also differences in pay between men and women.

Now, more women are working in society than ever before. Not only that, but we can also see many people from other countries working in Korea, too. It is our responsibility to make a working environment that gives everyone 15 equal chances and fair competition.

🔍 독해가 더 쉬워지는 **Tip** •

비교급 + than ever (before) : 그 (전) 어느 때보다도 더 ~한[하게]

I felt **happier than ever before** when I got into my dream school.
(나는 원하던 학교에 들어갔을 때 **그 어느 때보다도 더 행복**했다.)

My little sister won a medal in a swimming competition. I am **more proud than ever**!
(내 여동생이 수영 대회에서 메달을 땄다. 난 **그 어느 때보다도 더 자랑스럽**다.)

1 **Which of the following is the best topic of the passage?**

① buildings with high glass ceilings
② ways to make a better working environment
③ competition in the workplace
④ a social problem called the glass ceiling
⑤ keys to getting into higher positions

2 **Which of the following is NOT true according to the passage?**

① 유리천장은 눈에 보이지 않는다.
② '유리천장'이라는 말은 차별받는 다양한 사람들에게 사용된다.
③ 회사에서 더 높은 지위에는 보통 남자들이 더 많다.
④ 남자들은 종종 여자들과 일하는 것이 더 쉽다고 생각한다.
⑤ 이제 한국에서도 다른 나라에서 온 노동자들을 많이 볼 수 있다.

3 **다음 중 글의 빈칸에 들어갈 말로 가장 알맞은 것을 고르세요.**

① social clubs
② glass companies
③ boys' clubs
④ club members
⑤ business clubs

4 **Find the word which fits in the blanks (A) and (B) from the passage.**

(1) I won the first prize at the singing ____(A)____ .
(2) The ____(B)____ for getting a job is growing.

5 **Find the word in the passage which has the given meanings.**

ⓐ a contest that decides who is the fastest
ⓑ a group of people who are similar in skin color or other features

describe 설명하다, 묘사하다 / workplace 일터, 직장 / rise 오르다 / gender 성, 성별 / treat 대하다, 대우하다 / unfairly 불공평하게 /
background 배경 / reach 닿다 / position 위치 / rather than ~보다는 / society 사회 / ever 이제까지, 지금까지 / not only A but also B
A뿐만 아니라 B도 / equal 동등한 / fair 공정한, 공평한
선택지 어휘 1 social 사회의, 사회적인 5 feature 특징

교육부 지정 중학 필수 어휘 🎧

정답 및 해설 p.44

plain	형 1. 분명한, 명백한 2. 쉬운 3. 못생긴 4. 무늬가 없는 5. (음식 등이) **맛이 담백한, 향료가 안 든**
powder	명 가루, 분말
flavor	명 맛, 풍미 동 맛을 내다
proper	형 적합한, 알맞은
rich	형 1. 부유한, 돈 많은 2. 풍부한, 풍성한 3. (음식이) **진한, 기름진**
producer	명 1. **생산자, 생산 회사[국가]** 2. (영화 · 연극의) 제작자
contain	동 (용기, 장소가) **~을 담고 있다, 포함하다**

아래 해석을 참고하여 다음 각 빈칸에 적절한 단어를 위의 목록에서 골라 쓰세요. (동사의 시제와 명사의 수에 유의)

1   Soda _____ a lot of sugar.

2   Saudi Arabia is the world's leading oil _____.

3   There are many different _____ of ice cream. I'll have a vanilla one.

4   I don't like yogurt with fruit flavors. The _____ one is my favorite.

5   I like this _____ chocolate cake. Can I have another piece?

6   Shorts and a T-shirt are not the _____ clothing for a wedding.

7   Put the eggs and pancake _____ in a bowl. Then, mix them together.

해석 **1** 탄산음료는 많은 설탕을 포함한다. **2** 사우디아라비아는 세계 주요 석유 생산 국가이다. **3** 여러 가지 다양한 아이스크림 맛이 있다. 나는 바닐라 맛을 먹을 것이다. **4** 나는 과일 맛 요구르트를 좋아하지 않는다. 향료가 안 든 맛이 내가 가장 좋아하는 것이다. **5** 나는 이 진한 초콜릿 케이크가 좋아. 한 조각 더 먹어도 돼? **6** 반바지와 티셔츠는 결혼식에 적합한 옷이 아니다. **7** 달걀과 팬케이크 가루를 그릇에 넣어라. 그러고 나서, 그것들을 함께 섞어라.

입안에 넣으면 사르르 녹는 달콤한 초콜릿! 이 초콜릿은 카카오나무에서 나오는 열매로 만들어지는데요, 카카오 열매 안에 있는 씨앗만 골라 햇볕에 말리면 초콜릿을 만드는 주원료가 돼요.

초콜릿은 많은 사람들의 사랑을 받고 있는데요, 특히 스위스에서는 한 사람이 일 년에 먹는 초콜릿이 9kg 정도라고 해요! 달콤한 밀크 초콜릿을 좋아하는 사람도 있고, 쌉쌀한 다크 초콜릿을 좋아하는 사람도 있고, **밀크 초콜릿보다 훨씬 더 달콤해서 화이트 초콜릿을 가장 좋아하는 사람도 있죠.** 다 같은 카카오 열매로 만드는 초콜릿인데 어떻게 이렇게 다른 flavor가 나는 걸까요?

SEE THE NEXT PAGE! »

1 굵게 표시한 부분과 일치하도록 아래 단어를 알맞게 배열하여 문장을 완성하세요.

> Some people like white chocolate the most because it's _____
> _____ milk chocolate. (than / sweeter / even)

2 밑줄 친 flavor에 해당하는 우리말을 쓰세요.

_____

교과서 지식 Bank

중1 국어 - 비교와 대조

둘 이상의 대상을 서로 견주어서 공통점을 중심으로 설명하거나 차이점을 중심으로 설명하는 방법을 말해요. 공통점을 들어 설명하는 것을 비교, 차이점을 들어 설명하는 것을 대조라고 한답니다.

Dark chocolate is known as "plain chocolate." Thirty-five percent or more of it is made of cocoa powder. It's usually made with some sugar but no milk. Based on how much cocoa powder is included, the flavor of dark chocolate can be semisweet to bittersweet. People enjoy dark chocolate as it is or cook

5　with it. The stronger ones, with 70 percent cocoa powder, are proper for chocolate cakes and rich chocolate ice cream.

Milk chocolate is lighter in color than dark chocolate. It tastes sweeter and smoother, too. In factories, producers blend some of the cocoa powder with milk powder or condensed milk. There is only 20 percent cocoa powder in

10　cheap milk chocolate. _____, expensive ones from Germany and Switzerland usually contain about 40 percent cocoa powder.

On the other hand, white chocolate is very different from the other two types. Some people say that white chocolate is not a real chocolate. It is mainly made with sugar, milk, and cocoa butter without cocoa powder.

*condensed milk 연유

🔍 **독해가 더 쉬워지는 Tip** ●●●

be known as : ~로 알려져 있다

He **was known as** a painter, but all of his paintings were painted by his wife.
(그는 화가로 **알려져 있었지만**, 그의 그림은 모두 그의 아내가 그렸다.)

Once, Pluto **was known as** the ninth planet from the Sun.
(한때 명왕성은 태양계의 아홉 번째 행성으로 **알려져 있었다**.)

1 **Which of the following is the best topic of the passage?**

① 초콜릿을 만드는 과정

② 초콜릿이 몸에 해로운 이유

③ 사람들이 초콜릿을 좋아하는 이유

④ 독일과 스위스가 초콜릿으로 유명한 이유

⑤ 코코아 파우더 함량에 따른 초콜릿의 종류

2 **Which of the following is NOT true according to the passage?**

① Milk is needed to make dark chocolate.

② Dark chocolate is used to make cakes and ice cream.

③ Milk chocolate has a brighter color than dark chocolate.

④ Milk chocolate is sweeter than dark chocolate.

⑤ Cocoa powder is not used to make white chocolate.

3 **다음 중 글의 빈칸에 들어갈 말로 가장 알맞은 것을 고르세요.**

① Thus	② However	③ So
④ In addition	⑤ For example	

4 **밑줄 친 the other two types가 가리키는 것을 글에서 찾아 쓰세요. (2개)**

_____ , _____

5 **Find the word which fits in the blanks (A) and (B) from the passage.**

(1) This invention made him a ____(A)____ man.
(2) The cake can be made ____(B)____ with more eggs and butter.

_____

be known as ~로 알려져 있다 / be made of ~로 구성되다, ~로 만들어지다 / based on ~에 따라, ~에 의해 / include 포함하다 / semisweet 약간 단맛이 나는 / bittersweet 씁쓸하면서 달콤한 / taste (~의) 맛이 나다 / smooth 부드러운 / blend 섞다, 섞이다 / milk powder 분유 / on the other hand 다른 한편으로는, 반면에 / type 유형, 종류 / mainly 주로, 대부분은 / butter 버터 / without (사람이나 사물) 없이, ~이 없는

선택지 어휘 3 thus 그러므로, 따라서

교육부 지정 중학 필수 어휘

정답 및 해설 p.46

collection	명 1. 수집, 채집 2. **수집품, 소장품**
argument	명 말다툼, 논쟁
promise	동 약속하다, 서약하다 명 약속, 서약
international	형 국제의, 국제적인
leader	명 지도자, 대표
expert	명 전문가 형 전문가의, 전문적인

아래 해석을 참고하여 다음 각 빈칸에 적절한 단어를 위의 목록에서 골라 쓰세요. (동사의 시제와 명사의 수에 유의)

1   He showed us his _____ of books. It was amazing to see books from different countries and times in one place.

2   Please _____ me that you will come home straight from school.

3   There was an _____ between Joe and Paul. It was very strong, and they finally stopped talking to each other.

4   We need someone to lead our team. Let's vote for a new _____.

5   She was an _____ pop star. She was loved by people in many different countries.

6   You can ask her anything about dogs. She is an _____.

해석 1 그는 자신의 책 수집품을 우리에게 보여주었다. 다른 나라와 시대에서 온 책들을 한 곳에서 보는 것은 놀라운 일 이었다. **2** 학교에서 곧장 집으로 올 거라고 나와 약속해. **3** 조와 폴 사이에 논쟁이 있었다. 그것은 매우 격렬했고, 그들은 결국 서로 말하는 것을 멈췄다. **4** 우리는 팀을 이끌어갈 누군가가 필요하다. 새로운 대표를 뽑는 투표를 하자. **5** 그녀는 세계적인 팝스타였다. 그녀는 많은 다양한 나라의 사람들에게 사랑받았다. **6** 너는 그녀에게 개에 관해 아무거나 물어볼 수 있다. 그녀는 전문가이다.

1866년 9월 18일, 프랑스 함대가 우리나라 강화도를 침범한 사건이 있었어요. 이에 앞서, 당시 조선을 다스리던 흥선 대원군이 프랑스 선교사 9명을 죽이는 일이 있었는데 이를 안 프랑스 정부가 앙갚음하기 위해 침범한 사건을 '병인양요'라고 불러요. 열악한 조건에도 불구하고 조선은 치열한 전투 끝에 프랑스군을 격퇴할 수 있었어요. 하지만 이때 프랑스군은 정조가 설치한 외규장각(Oegyujanggak)의 도서들을 불태우거나 훔쳐갔어요. **이 도서들은 결혼과 장례와 같은 황실의 의식들을 기록한 중요한 기록물이었는데 말이죠.**

SEE THE NEXT PAGE! »

1 굵게 표시한 부분과 일치하도록 아래 단어를 알맞게 배열하여 문장을 완성하세요.

These books are ＿＿＿＿＿＿＿＿＿＿＿＿＿＿＿＿＿＿＿＿＿＿ ＿＿＿＿＿＿＿＿＿＿＿＿ such as weddings and funerals. (royal / records / the / of / ceremonies / important)

2 이 글의 내용과 일치하면 T, 그렇지 않으면 F를 쓰세요.

(1) 프랑스 함대가 조선을 침범한 사건이 있었다. ＿＿＿＿＿

(2) 프랑스군은 외규장각 도서들을 일본에 넘겼다. ＿＿＿＿＿

(3) 외규장각 도서들은 황실의 여러 의식들을 기록한 책이었다. ＿＿＿＿＿

교과서 지식 Bank

중학 역사2 - 병인양요

병인양요란 '병인년(1866년)에 서양 사람들이 일으킨 난리'라는 의미예요. 당시 조선을 다스리던 흥선 대원군은 프랑스 선교사를 통해 프랑스와 협력해 러시아를 막으려고 했어요. 하지만 선교사들이 협조하지 않았고, 이에 화가 난 대원군이 천주교 확산 방지를 이유로 선교사 9명을 포함해 천주교인 8천여 명을 학살했지요. 이 소식을 들은 프랑스 함대가 그 책임을 묻는다는 구실로 강화도를 침략한 사건이에요.

The Oegyujanggak books became a part of the <u>collections</u> in a museum of France. Korea learned about this when a worker in a library discovered the books in 1975. After that, the Korean government tried to <mark>get the books back</mark>. Korea thought the books should be returned because they were stolen.

5 However, France refused to return the books. The two countries spent a long time to solve the problem.

This <u>argument</u> finally _____ when France <u>promised</u> to return the Oegyujanggak books during a meeting of <u>international leaders</u> in Seoul in 2010. According to the promise between the two countries, all books were

10 returned to the National Museum of Korea. They will stay in the museum as long as the agreement continues.

Even though Korea finally took back the Oegyujanggak books, many other cultural objects are still missing. <u>Experts</u> say that more than 760,000 of <u>them</u> are around the world. We should pay attention to these objects and try to get

15 them back.

*National Museum of Korea 국립중앙박물관

🔍 독해가 더 쉬워지는 **Tip** ••

get A back : A를 되찾다

My teacher took my phone during the class. I need to tell my parents the truth to **get it back**.
(우리 선생님이 수업시간에 내 핸드폰을 가져가셨어. **그것을 되찾기 위해** 부모님에게 사실을 말씀드려야 해.)

I lost my wallet last week. I got a call from the police, and I **got my wallet back** today.
(나는 지난주에 지갑을 잃어버렸다. 나는 경찰로부터 전화를 받았고 오늘 **지갑을 되찾았다**.)

1 **Which of the following is the best title of the passage?**

① 프랑스에서 돌아온 외규장각 도서들

② 프랑스에는 왜 문화재가 많은가?

③ 잊어서는 안 되는 우리의 소중한 유물들

④ 프랑스는 우리의 우방국인가?

⑤ 한국과 프랑스의 국제 관계

2 **다음 중 이 글의 내용과 일치하지 <u>않는</u> 것을 고르세요.**

① 한국 정부는 프랑스로부터 책을 돌려받기 위해 노력했다.

② 프랑스 정부는 책을 돌려주려 하지 않았다.

③ 프랑스는 1975년에 도서 반환을 약속했다.

④ 현재 프랑스에서 반환된 도서들은 국립중앙박물관에 있다.

⑤ 우리 문화재 76만 점 이상이 세계 곳곳에 있다.

3 **Which of the following best fits in the blank?**

① continued   ② ended   ③ started

④ got worse   ⑤ changed

4 **What does the underlined "them" in the third paragraph refer to? (2 words)**

_____

5 **다음 영영 뜻풀이에 해당하는 단어를 이 글에서 찾아 쓰세요.**

a discussion or a fight between people who have different opinions

_____

museum 박물관 / discover 발견하다, 찾아내다 / government 정부, 정권 / get A back A를 되찾다 / steal 훔치다, 도둑질하다 / refuse 거절하다, 거부하다 / solve 풀다, 해결하다 / finally 마침내 / agreement 협정, 합의 / continue 계속되다, 이어지다 / cultural 문화의, 문화적인 / object 물건, 물체 / missing 사라진, 없어진 / pay attention to ~에 주목하다
선택지 어휘 5 discussion 논의, 상의

교육부 지정 중학 필수 어휘 🎧

정답 및 해설 p.47

direction	명 방향	
urge	동 1. 충고하다 2. 촉구하다	
wealthy	형 부유한, 재산이 많은	
success	명 1. 성공, 출세 2. 성공한 사람[것]	
envy	명 부러움, 시기, 질투 동 부러워하다	
escape	동 탈출하다 명 탈출	
entire	형 전체의	

아래 해석을 참고하여 다음 각 빈칸에 적절한 단어를 위의 목록에서 골라 쓰세요. (동사의 시제와 명사의 수에 유의)

1 He has always had _____ for his sister because she is smart.

2 This _____ man has several buildings. He doesn't have to work because he has so much money.

3 A firefighter was helping people to _____ from the building.

4 You can't play the game without missing pieces. You need the _____ set.

5 I _____ him to take the chance because it's a great opportunity.

6 The artist said that the secret to his _____ was hard work and patience.

7 We already spent two hours on this road. I think we're going in the wrong _____.

해석 1 그의 누나가 똑똑해서 그는 항상 누나를 부러워해 왔다. 2 그 부유한 남자는 건물 몇 채를 가지고 있다. 그는 돈이 매우 많아 일을 하지 않아도 된다. 3 한 소방관은 사람들이 건물에서 탈출하는 것을 돕고 있었다. 4 너는 사라진 조각들로 게임을 할 수 없다. 너는 전체의 세트가 필요하다. 5 나는 그에게 이것은 정말 좋은 기회이니 그 기회를 잡아야 한다고 충고했다. 6 그 화가는 그의 성공 비결은 많은 노력과 인내심이라고 했다. 7 우리는 이미 이 거리에서 두 시간이나 보냈다. 나는 우리가 잘못된 방향으로 가고 있다고 생각한다.

바닷물에는 염분이 많아 짠 맛이 나지요? 똑같은 물인데도 강이나 호수는 염분이 없는데 바다에는 있다는 게 신기하기도 해요. 옛날 사람들도 바닷물이 짜다는 걸 신기하게 생각하고 그 이유를 궁금해 했던 것 같아요. 바닷물이 짠 이유를 설명하는 이야기가 있는 걸 보면 말이죠.

아주 오랜 옛날, 두 형제가 살고 있었답니다. 형은 굉장한 부자였지만 아주 인색하고 심술궂은 사람이었어요. 동생은 매우 가난했지만 순수하고 착한 사람이었답니다. 어느 날, 가난한 동생은 명절을 앞두고 가족들이 먹을 것이 아무것도 없다는 것을 알게 됐어요. 먹을 것을 살 돈도, 내다 팔 물건도 없어서 막막해진 그는 부자 형을 찾아가 도움을 청하기로 합니다.

SEE THE NEXT PAGE! »

1 이 글의 내용과 일치하도록 빈칸 (A), (B)에 들어갈 말로 알맞게 짝지어진 것을 고르세요.

> The older brother in the story was very wealthy but ____(A)____ while the younger one was very poor but ____(B)____ .

	(A)		(B)
①	generous	······	honest
②	envious	······	smart
③	mean	······	innocent

교과서 지식 Bank

중1 과학 - 수권의 분포

물은 우리가 생활하는 데 없어선 안 될 아주 중요한 자원이죠. 우리는 '물'이라고 하면 강, 호수, 바다에 있는 물만 떠올리기 쉽지만, 그외에 땅속의 지하수, 대기의 수증기, 극지방의 빙하 등 여러 다양한 형태로 존재한답니다.

When the poor brother arrived, the rich brother threw some meat at him. Laughing at him, the rich brother said, "Take this and eat with the goblin in the woods!" The poor brother was so innocent that ⓐ <u>he</u> made the decision to find the goblin. On his way to the woods, ⓑ <u>he</u> met some woodcutters and asked them how to get to the goblin's house. The woodcutters gave ⓒ <u>him</u> the directions and urged him only to ask for the goblin's magic millstone.

The brother soon found the goblin. He offered the goblin the meat, and the goblin happily ate it. Then ⓓ <u>he</u> asked for the goblin's millstone. The goblin was surprised but soon accepted. ⓔ <u>He</u> gave his millstone, which could grant any wish. (①) With the magic millstone, the poor brother soon became wealthy. (②)

When the rich brother heard of the millstone and his brother's success, he felt great envy. So, he stole the millstone and escaped on a boat into the sea. (③) Then he ordered the millstone to make salt to make him the richest man in the world. (④) The millstone began to make the salt, and soon the boat was full. (⑤) It kept making salt until the boat sank to the bottom. <mark>Legend has it that</mark> the sea is still salty today because the millstone never stopped and filled the entire sea with salt.

*goblin 도깨비

**millstone 맷돌

🔍 독해가 더 쉬워지는 **Tip** ···

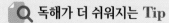 + 주어 + 동사: 전설에 따르면

Legend has it that the whole village was put under a curse by a witch.
(**전설에 따르면** 마을 전체가 한 마녀에 의해 저주를 받았다.)

Legend has it the man who kisses the princess will break the spell.
(**전설에 따르면** 공주에게 키스하는 남자가 마법을 풀 것이다.)

1 **Which of the following is the best title of the passage?**

① A Brother's Desire to Be Rich
② Who Is the Goblin in the Woods?
③ How to Turn Seawater into Salt
④ What Made the Sea Salty
⑤ Good Will Doesn't Always Bring Good Results

2 다음 문장이 들어가기에 가장 알맞은 곳을 고르세요.

But the millstone didn't stop.

①   ②   ③   ④   ⑤

3 글의 밑줄 친 ⓐ ~ ⓔ 중, 가리키는 대상이 나머지 넷과 다른 것을 고르세요.

① ⓐ   ② ⓑ   ③ ⓒ   ④ ⓓ   ⑤ ⓔ

4 **Which of the following has the same meaning as "entire"?**

① partial   ② whole   ③ each   ④ some   ⑤ another

5 다음 문장들을 시간 순서대로 빈칸에 배열하세요.

A. The goblin gave the magic millstone to the poor brother.
B. The boat, full of salt, sank down into the sea.
C. The poor brother offered the meat to the goblin.
D. The rich brother stole the millstone and wished for salt.
E. The rich brother told his brother to eat the meat with the goblin.

(   ) – (   ) – (   ) – (   ) – (   )

laugh at ~을 비웃다 / innocent 순진한 / decision 결심, 결정 / woodcutter 나무꾼 / offer 제공하다, 주다 / accept 받아들이다, 수락하다 / grant (소원 따위를) 들어주다 / steal 훔치다 / sink 가라앉다, 침몰하다 / legend has it (that) 전설에 따르면 / salty (맛이) 짠 / fill A with B A를 B로 채우다
선택지 어휘 1 desire 욕망, 바람 / turn A into B A를 B로 바꾸다 / will 의지 4 partial 부분적인

MEMO

MEMO

쎄듀 교재맵

구분	초3-4 Lv.1	초5-6 Lv.2	중등 Lv.3	중등 Lv.4	중등 Lv.5	예비 고1 Lv.6	Lv.7	고등 Lv.8	Lv.9	Lv.10
종합 (문법·어법·구문·독해·어휘)						쎄듀 종합영어	쎄듀 종합영어	쎄듀 종합영어		
구문	초등코치 천일문 Sentence 1, 2, 3, 4, 5			천일문 입문	천일문 입문	천일문 기본 / 천일문 기본 문제집	천일문 기본 / 천일문 기본 문제집	천일문 핵심	천일문 완성	천일문 완성
구문·독해							구문현답	구문현답		
구문·어법						PLAN A 〈구문·어법〉	PLAN A 〈구문·어법〉			
구문·문법				천일문 기초1	천일문 기초2					
어휘	초등코치 천일문 Voca & Story 1, 2		어휘끝 중학 필수편	어휘끝 중학 마스터편	어휘끝 중학 마스터편		어휘끝 고교기본		어휘끝 수능	어휘끝 수능
어휘						첫단추 VOCA	첫단추 VOCA	첫단추 VOCA		
어휘						PLAN A 〈어휘〉	PLAN A 〈어휘〉			
문법	초등코치 천일문 Grammar 1, 2, 3	초등코치 천일문 Grammar 1, 2, 3	천일문 Grammar LEVEL 1	천일문 Grammar LEVEL 2	천일문 Grammar LEVEL 3					
문법			Grammar Q 1A / 1B	Grammar Q 2A / 2B	Grammar Q 3A / 3B	Grammar Q 3A / 3B				
문법				1센치 영문법	1센치 영문법	문법의 골든룰 101	문법의 골든룰 101			
문법(내신)			Grammar Line LOCAL 1	Grammar Line LOCAL 2	Grammar Line LOCAL 3					
문법·어법				첫단추 BASIC 문법·어법편 1, 2	첫단추 BASIC 문법·어법편 1, 2	첫단추 모의고사 문법·어법편	첫단추 모의고사 문법·어법편			
어법						어법끝 START 2.0 / 어법끝 START 실력다지기	어법끝 START 2.0 / 어법끝 START 실력다지기	어법끝 START 2.0 / 어법끝 START 실력다지기	어법끝 5.0	어법끝 5.0
어법·어휘									파워업 어법·어휘 모의고사	파워업 어법·어휘 모의고사
쓰기			거침없이 Writing LEVEL 1	거침없이 Writing LEVEL 2	거침없이 Writing LEVEL 3					
쓰기			중학영어 쓰작 1	중학영어 쓰작 2	중학영어 쓰작 3					
독해			Reading Relay Starter 1, 2	Reading Relay Challenger 1, 2	Reading Relay Master 1, 2					
독해			리딩 플랫폼 1,2,3	리딩 플랫폼 1,2,3	리딩 플랫폼 1,2,3					
독해			Reading 16 LEVEL 1	Reading 16 LEVEL 2	Reading 16 LEVEL 3	PLAN A 〈독해〉	PLAN A 〈독해〉	리딩 플레이어 개념	리딩 플레이어 적용	
독해				첫단추 BASIC 독해편 1, 2	첫단추 BASIC 독해편 1, 2	첫단추 모의고사 독해유형편	첫단추 모의고사 독해유형편	유형즉답		
독해							빈칸백서 기본편	빈칸백서 기본편	빈칸백서	빈칸백서
독해									오답백서	오답백서
독해							쎈쓰업 독해 모의고사	쎈쓰업 독해 모의고사	파워업 독해 모의고사	파워업 독해 모의고사
독해									수능실감 최우수 문항 400제	수능실감 최우수 문항 400제
듣기			쎄듀 빠르게 중학영어듣기 모의고사 1	쎄듀 빠르게 중학영어듣기 모의고사 2	쎄듀 빠르게 중학영어듣기 모의고사 3	첫단추 모의고사 듣기유형편	첫단추 모의고사 듣기유형편	쎈쓰업 듣기 모의고사	파워업 듣기 모의고사	파워업 듣기 모의고사
듣기						첫단추 모의고사 듣기실전편	첫단추 모의고사 듣기실전편			
EBS								수능특강 내신탐구	수능특강 내신탐구	
EBS								E정표 수능특강	E정표 수능특강	
EBS									수능실감 독해 모의고사	수능실감 독해 모의고사
EBS									수능실감 FINAL 봉투 모의고사	수능실감 FINAL 봉투 모의고사

*어휘끝 5.0은 Lv. 9~12에 해당합니다. (고교 심화 이상의 수준)

* 교재 선택 시 권장 학년과 레벨을 참고하세요. / 예비 고1부터는 난도와 학년별 성취도를 반영하여 교재 레벨을 세분화하였습니다.

교과서 지식으로 영문 독해를 자신 있게!

리딩 릴레이

READING RELAY

CHALLENGER

②

정답 및 해설

CEDU BOOK 쎄듀

교과서 지식으로 영문 독해를 자신 있게!
리딩 릴레이

READING RELAY

정답 및 해설

CHALLENGER

Chapter 07

01 [국어 | 클래식을 어떻게 생각하십니까?] 모차르트 본문 p.12~15

교육부 지정 중학 필수 어휘
1 request 2 slipped 3 concluded 4 living 5 composed 6 genius

START READING!
1 ② 2 who was loved by people

KEEP READING!
1 ③ 2 ③ 3 slipped 4 생계를 유지하기 위해서 5 request

KEEP READING! 해설

1 지문에 가장 적절한 제목을 고르는 문제이다. 위대한 음악가로서 많은 작품을 남기고 젊은 나이에 세상을 떠난 모차르트의 일생에 대한 내용의 글이므로 정답은 ③이다.
   ① 위대한 피아니스트, 모차르트의 아버지
   ② 모차르트와 마리 앙투아네트의 우정
   ③ 위대한 음악가, 모차르트의 일생
   ④ 왕궁에서 있었던 모차르트의 유명한 음악회
   ⑤ 모차르트의 가장 유명한 음악, '레퀴엠'

2 볼프강은 열일곱 살 때, 악단에 들어가서 왕실을 위해 곡을 연주하고 싶어 했다(Wolfgang wanted to ~ 17 years old.)고 했으므로 ③ 은 일치하지 않는다.

3 (1) 그 물고기는 내 손에서 (A) 빠져나가서 강을 헤엄쳐갔다.
   (2) 어젯밤에는 눈이 많이 와서 많은 사람이 얼음길에서 (B) 미끄러졌다.
   첫 번째 문장의 (A)는 '빠져나가다'라는 말이 들어가고, 두 번째 문장의 (B)는 '미끄러지다'라는 말이 들어가야 적절하므로 정답은 slipped(미끄러지다; 빠져나가다)이다.

4 모차르트가 '레퀴엠'을 작곡한 이유를 묻는 문제이다. 지문에서 그는 아플 때조차 생계를 유지하기 위해서 작곡해야 했다(Even when he ~ to make a living.)는 내용이 나오고, 그가 병으로 고통받고 있을 때도 '레퀴엠'을 만들어 달라는 요청을 받아들였다고 했으므로 정답은 '생계를 유지하기 위해서'이다.

5 ⓐ는 '정중한 방법으로 무언가를 요청하는 행동'을 의미하고 ⓑ는 '정중하게 무언가를 요청하는 것'을 의미하므로 정답은 request(요청, 요구; 요청하다, 신청하다)이다.

끊어서 읽기

볼프강은 천재였다 / 오스트리아에서 태어난. 그의 아버지는 바이올리니스트였다 /
¹ Wolfgang was a genius / born in Austria. ² His father was a violinist /

그리고 그의 아이들을 가르쳤다 / 언어, 음악, 심지어 교과목.
and taught his children / languages, music, and even academic subjects.

볼프강은 재능을 보였다 / 음악에. 어느 날 볼프강이 왕실을 방문했다
³ Wolfgang showed talent / in music. ⁴ One day, Wolfgan gvisited the

/ 그리고 마리아 안토니아를 만났다 / 미래의 프랑스 왕비인 마리 앙투아네트.
royal court / and met Maria Antonia, / the future Queen Marie

어휘 확인하기

genius 천재; 천부의 재능
Austria 오스트리아
academic 학업의, 학교의
subject 과목
talent 재능
royal 왕의
court 궁중, 왕실
slip 미끄러지다; 빠져나가다

Antoinette of France. ⁵ When he slipped on the floor, // she helped him.

그가 바닥에서 미끄러졌을 때, 그녀가 그를 도와주었다.

보답으로 / 볼프강은 그녀에게 청혼했다. 그들은 그때 둘 다 일곱 살이었다.
⁶ In return, / Wolfgang proposed to her. ⁷ They were both 7 years old then.

볼프강은 악단에 들어가길 원했다 / 그리고 왕실을 위해 음악을 연주하는 것을
⁸ Wolfgang wanted to join a band / and play music for the royal
to+동사원형 〈~하는 것을〉
그가 열일곱 살이었을 때. 그러나 그것은 잘되지 않았다.
court // when he was 17 years old. ⁹ But it didn't work out.

그 후 / 그는 그의 일생의 대부분을 썼다 / 직업을 찾는 데.
¹⁰ After that, / he spent most of his life / looking for a job. ¹¹ He

그는 돈이 없었다 // 그러나 그는 많은 걸작을 만들었다.
didn't have money, // but he created many masterpieces. ¹² Even

그가 아플 때조차도 // 그는 음악을 작곡해야 했다 / 생계를 유지하기 위해.
when he was sick, // he had to compose music / to make a living.
to+동사원형 〈~하기 위해〉
그가 병으로 고통받고 있을 때 // 그는 요청을 받아들였다
¹³ When he was suffering from a disease, // he accepted the

/ '레퀴엠'을 만드는. 결국 / 그의 인생은 끝이 났다 /
request / to make "Requiem." ¹⁴ In the end, / his life concluded / at
to+동사원형 〈~하는〉
서른다섯 살의 나이에 // 그가 그 일을 끝낼 수 있기 전에.
the age of 35 // before he could finish the work.

---

in return 보답으로
propose 청혼하다
work out ~을 해결하다
masterpiece 걸작, 명작
compose 구성하다, ~의 일부를 이루다; 문장을 짓다; 작곡하다
living (현재) 살아 있는; 생계, 살림, 생활비; 생활, 살아가는 방식
make a living 생계를 꾸리다
suffer (고통, 질병 등에) 시달리다, 고통받다
disease 질병, 병
accept (기꺼이) 받아들이다, 수락하다
request 요청, 요구; 의뢰서, 요구서; 요청하다, 신청하다
in the end 마침내, 결국
conclude 결론을 내리다, 결론 짓다; ~을 끝내다, 완료하다

해석 한눈에 보기

¹ 볼프강은 오스트리아에서 태어난 천재였다. ² 그의 아버지는 바이올리니스트였고 자신의 아이들에게 언어, 음악, 심지어 교과목을 가르쳤다.³ 볼프강은 음악에 재능을 보였다. ⁴ 어느 날 볼프강은 왕실을 방문해서 마리아 안토니아, 즉 미래의 프랑스 왕비인 마리 앙투아네트를 만났다. ⁵ 그가 바닥에서 미끄러졌을 때, 그녀가 그를 도와줬다. ⁶ 보답으로 볼프강은 그녀에게 청혼했다. ⁷ 그들은 그때 둘 다 일곱 살이었다.
⁸ 볼프강은 열일곱 살 때, 악단에 들어가서 왕실을 위해 음악을 연주하길 원했다. ⁹ 그러나 그것은 잘되지 않았다. ¹⁰ 그 후, 그는 일생의 대부분을 직업을 구하는 데에 썼다. ¹¹ 그는 돈은 없었지만 많은 걸작을 만들어냈다. ¹² 그가 아플 때조차도 그는 생계를 유지하기 위해 음악을 작곡해야 했다. ¹³ 그가 병으로 고통받고 있을 때, 그는 '레퀴엠'을 만들어달라는 요청을 수락했다. ¹⁴ 결국 그 일을 끝마치기도 전에, 그의 인생은 서른다섯 살의 나이에 끝이 났다.

필수 구문 확인하기

⁸ Wolfgang **wanted to join** a band *and* (to) **play** music for the royal court when he was 17 years old.

▶ want의 목적어로 to부정사가 쓰였고, to join a band와 (to) play ~ court가 등위접속사 and로 병렬 연결되어 있다.

¹⁰ After that, he **spent most of his life looking** for a job.

▶ 「spend+시간+-ing」는 '~하는 데 시간을 보내다'의 의미이다.

교육부 지정 중학 필수 어휘

1 clearly   2 view   3 offer   4 location   5 opportunity   6 system

START READING!

1 ④   2 evidence that there are souls

KEEP READING!

1 ②   2 (1) T (2) T (3) F   3 ④   4 해가 너무 늦게 지기 때문에   5 opportunity

---

KEEP READING! 해설

1 지문에 가장 적절한 주제를 고르는 문제이다. 오로라를 보기에 가장 좋은 장소들을 소개하는 글이므로 정답은 ②이다.
   ① 오로라의 다양한 색깔들
   ② 오로라를 보기 좋은 명소들
   ③ 겨울철 방문하기 좋은 관광지들
   ④ 다양한 종류의 겨울 활동들
   ⑤ 유럽을 방문하기에 가장 좋은 시기

2 스웨덴에서 오로라를 볼 수 없을 때, 별로 가득한 겨울 하늘을 즐길 수 있다(When you can't see ~ full of stars.)고 했으므로 (3)은 F이다.

3 지문에서 오로라를 볼 수 있는 곳으로 러시아는 언급되지 않았으므로 정답은 ④이다.

4 4월부터 8월까지는 해가 늦게 지기 때문에 오로라를 보는 것이 어렵다(From April to ~ too late.)고 했으므로 정답은 '해가 너무 늦게 지기 때문에'이다.

5 '무언가를 할 수 있는 또는 더 나은 상황을 위한 기회'라는 뜻이므로 정답은 opportunity(기회)이다.

끊어서 읽기

미국에 있는 알래스카는 가장 인기 있는 장소 중 하나이다 / 북극광을 보는
¹ Alaska, in the U.S., is one of the most popular places / to see the Northern
                                   to+동사원형 (~하는)

왜냐하면 더 많은 기회가 있기 때문에 / 거기서 그것들을 볼
Lights // because there are more chances / to see them there / than in any
                        to+동사원형 (~할)

다른 어떤 장소보다.   알래스카는 또 예측 시스템을 갖고 있다 / 빛을 위한 /
other place. ² Alaska also has a forecast system / for the lights / and

그리고 멋진 조망 장소를 제공한다 / 앵커리지와 페어뱅크스 같은.
offers great viewing locations, / such as Anchorage and Fairbanks. ³ But

그러나 북극광을 또렷하게 보기 위해서는 / ~에서 벗어날 필요가 있다 /
to see the Northern Lights clearly, / you need to get away from /
to+동사원형 (~하기 위해)
   밝은 도시 불빛 / 그리고 야생의 지역으로 여행한다.
bright city lights / and travel into wild areas.

스웨덴에서는 / 녹색이 가장 흔한 오로라 색이다 //
⁴ In Sweden, / green is the most common Aurora color, // and there are

그리고 몇몇의 좋은 장소가 있다 / 당신이 방문할 수 있는 / 오로라 감상을 위해.
some good areas / you can visit / for Aurora viewing. ⁵ When you can't

어휘 확인하기

popular 인기 있는
forecast 예측, 보고
system 제도, 체제, 시스템
offer 제공하다, 권하다; 제공, 제안
viewing (풍경 등의) 감상
location 장소, 곳, 위치
such as ~와 같은
clearly 또렷하게, 선명하게; 분명히
get away from ~로부터 벗어나다, 도망치다
wild 야생의, 자연 그대로의
common 흔한
still 여전히, 아직(도)
sled 썰매
view 경관, 전망; 생각, 의견;

보다, 둘러보다; 여기다, 생각하다
opportunity 기회

[선택지 어휘]
tourist place 관광지

당신이 오로라를 볼 수 없을 때 // 당신은 여전히 즐길 수 있다 / 어두운 겨울 밤하늘을 /
see the Aurora, // you can still enjoy / the dark winter night sky / full

별로 가득한. 또한 많은 재미있는 겨울 활동들이 있다, /
of stars. ⁶ Also, there are many fun winter activities, / from skiing to

스키부터 순록 썰매 관광까지.
reindeer sled tours.

당신은 또한 오로라를 볼 수 있다 / 핀란드, 아이슬란드, 캐나다와 같은 나라에서.
⁷ You can also view the Aurora / in countries like Finland, Iceland, and

4월부터 8월까지 / 그것을 보기 어렵다 //
Canada. ⁸ From April to August, / it's hard to see it // because the sun

해가 너무 늦게 지기 때문에. 1월부터 3월까지 / 당신이 기다릴 준비가 되어 있다면
goes down too late. ⁹ From January to March, / if you are ready to wait

/ 추위 속에서 // 당신은 기회를 얻을 수도 있다 / 오로라가 하늘에서 춤추는 것을 볼.
/ in the cold, // you may get an opportunity / to see the Aurora
　　　　　　　　　　　　　　　　　　　　　　　　　　　　　to+동사원형 〈~할〉

dancing across the sky.

해석 한눈에 보기

¹ 미국의 알래스카는 다른 어떤 장소보다 북극광을 볼 기회가 더 많기 때문에 그것을 보는 가장 인기 있는 장소 중 하나이다. ² 알래스카는 또한 빛을 위한 예측 시스템을 갖고 있고, 앵커리지와 페어뱅크스 같은 훌륭한 조망 장소를 제공한다. ³ 그러나 북극광을 또렷이 보기 위해서는 당신은 밝은 도시 불빛으로부터 벗어나 야생 지역으로 갈 필요가 있다.
⁴ 스웨덴에서는 녹색이 가장 흔한 오로라 색인데, 당신이 오로라 감상을 위해 방문할 수 있는 좋은 장소가 몇 군데 있다. ⁵ 당신이 오로라를 볼 수 없을 때, 당신은 여전히 별로 가득한 어두운 겨울 밤하늘을 즐길 수 있다. ⁶ 또한, 스키부터 순록 썰매 관광까지 많은 재미있는 겨울 활동이 있다.
⁷ 당신은 또한 핀란드, 아이슬란드, 캐나다와 같은 나라에서도 오로라를 볼 수 있다. ⁸ 4월부터 8월까지는 해가 너무 늦게 지기 때문에 오로라를 보는 것이 어렵다. ⁹ 1월부터 3월까지 당신이 추위 속에서 기다릴 준비가 되어 있다면, 당신은 오로라가 하늘에서 춤추는 것을 볼 기회를 얻을 수 있을 것이다.

필수 구문 확인하기

⁴ , ~ and there are *some good areas* [(**that**) you can visit for Aurora viewing].

▶ you ~ viewing은 선행사 some good areas를 수식하는 목적격 관계대명사절로, 목적격 관계대명사 that이 생략되었다.

⁵ When you can't see the Aurora, you can still enjoy *the dark winter night sky* [**full of stars**].

▶ full of stars는 the dark winter night sky를 수식하는 형용사구이다.

⁹ , ~ you may get *an opportunity* [**to see** the Aurora **dancing** across the sky].
　　　　　　　　　　　　　　　　　V'　　O'　　　　　　C'

▶ to see는 앞의 an opportunity를 수식하는 형용사적 용법의 to부정사구이다.

▶ 「see+목적어+-ing」는 '~가 …하는 것을 보다'라는 의미이다.

교육부 지정 중학 필수 어휘
1 attracted 2 annual 3 folk 4 rapidly 5 beer 6 ceremony 7 ride

> **START READING!**

1 one of the countries 2 ①

> **KEEP READING!**

1 ③ 2 ③ 3 (b) 4 ④ 5 annual

KEEP READING! 해설

1 지문에 가장 적절한 주제를 고르는 문제이다. 독일에서 매년 열리는 옥토버페스트의 역사와 어떻게 발전했는지를 설명하는 글이므로 정답은 ③이다.

2 뮌헨시에서는 1819년에 옥토버페스트를 매해 열기로 결정했다(in 1819, the city of Munich ~ an annual festival)는 내용이 있으므로 본문 내용과 일치하지 않는 것은 ③이다.
① 처음 축제에는 경마가 있었다.
② 축제는 왕실 결혼식으로부터 시작되었다.
③ 축제는 2년에 한 번 열린다.
④ 방문객들은 밴드 연주와 공연을 즐길 수 있다.
⑤ 축제는 더 많은 가게와 놀이기구로 더 커지고 좋아졌다.

3 본문의 folk는 '민속의, 전통적인'이라는 뜻이다. 따라서 정답은 (b)이다.
(a) 내가 도시에서 만난 사람들은 매우 똑똑했다.
(b) 나는 지난주에 미국 민속 박물관에 갔다.

4 독일이 1, 2차 세계대전의 중심지가 되면서 몇 년 동안 옥토버페스트는 중단되었다(But as Germany ~ years.)는 내용이 있으므로 정답은 ④이다.

5 '매년 한 번 일어나는'이라는 의미이므로 annual(매년의, 연례의)이 정답이다.

끊어서 읽기

옥토버페스트는 시작되었다 / 1810년 10월 12일에. 결혼식 날이었다
¹ Oktoberfest started / on October 12, 1810. ² It was the wedding day

/ 루트비히 1세 왕세자와 테레제 공주의. 식이 끝난 후
/ of Crown Prince Ludwig I and Princess Therese. ³ After the

/ 그들은 경마를 했다. 경마는 매우 인기 있었다
ceremony, / they had a horse race. ⁴ The horse race was very

// 그래서 그들은 그것을 다음 해에도 열었다. 1818년에 그들은 시작했다
popular, // so they held it the next year, too. ⁵ In 1818, they started

맥주를 파는 것을 / 처음으로 // 그리고 1819년에, 뮌헨시는 결정했다
to sell beer / for the first time // and in 1819, the city of Munich
to+동사원형 (~하는 것을)

옥토버페스트를 연례 축제로 만들 것을. 그리고 나서 /
decided / to make Oktoberfest an annual festival. ⁶ And then, /
to+동사원형 (~하는 것을)

옥토버페스트는 빠르게 성장했다. 많은 맥주 회사들은 / 뮌헨에 있는 /
Oktoberfest grew rapidly. ⁷ Many beer companies / in Munich /

어휘 확인하기

crown prince (일부 국가에서)
황태자[왕세자]
ceremony 식, 의식
horse race 경마, 말 달리기
시합
popular 인기 있는, 대중적인
hold (회의 · 시합 등을) 열다,
개최하다
beer 맥주; 맥주 한 잔[병/캔]
annual 매년의, 연례의; 연간의,
한 해의
festival 축제
rapidly 빠르게, 급속히
provide 제공하다, 공급하다
play 연극

축제에 참여했다 / 그리고 밴드와 연극을 제공했다.
joined the festival / and provided bands and plays. ⁸ They started

그들은 더 많은 가게를 갖기 시작했다 / 그리고 놀이기구를 / 방문객들을 끌어들이기 위해.
to have more shops / and amusement rides / <u>to attract</u> visitors.
to+동사원형 〈~하는 것을〉　　　　　　　　　　　to+동사원형 〈~하기 위해〉

그러나 독일이 되면서 / 1, 2차 세계대전의 중심지가 //
⁹ But as Germany became / the center of World War I and II, //

축제는 여러 해 동안 중단되었다. / 1949년에 / 뮌헨 사람들은
the festival stopped for several years. ¹⁰ In 1949, / the people of

/ 축제를 다시 시작했다. / 2000년대 이후에 / 옥토버페스트는 되었다
Munich / started the festival again. ¹¹ After the 2000s, / Oktoberfest

/ 세계에서 가장 큰 맥주 축제가.
became / the world's largest beer festival.

이 독일의 민속 축제는 / 이제 되었다 / 가장 큰 축제 중 하나가
¹² This German folk festival / has now become / one of the largest

/ 세계에서. 약 6백만 명의 사람들이 / 전 세계에서 온
festivals / in the world. ¹³ About 6 million people / from around the

/ 뮌헨을 매년 방문한다. 우리는 옥토버페스트로부터 배울 수 있다 //
world / visit Munich each year. ¹⁴ We can learn from Oktoberfest //

전통과 국제적인 특색의 좋은 결합이 /
that a good mix of tradition and international flavor / can turn a
〈~인 것을〉

민속 축제를 무언가로 만들 수 있는 것을 / 전 세계 사람들에게 인기 있는.
folk festival into something / popular among people all around the world.

amusement 오락, 놀이	
ride (자전거 · 오토바이 등을) 타다[몰다]; (차량 · 자전거 등을) 타고 달리기; (놀이동산 등에 있는) 놀이 기구	
attract 마음을 끌다; (어디로) 끌어들이다, 끌어 모으다	
center of ~의 중심지	
World War I 1차 세계 대전	
several (몇)몇의	
folk (일반적인) 사람들; 민속의, 전통적인	
million 100만	
mix 결합, 혼합	
tradition 전통	
international 국제적인	
flavor 특징, 특색	
among (셋 이상의) 사이에	

해석 한눈에 보기

¹ 옥토버페스트는 1810년 10월 12일에 시작되었다. ² 그 날은 루트비히 1세 왕세자와 테레제 공주의 결혼식 날이었다. ³ 식이 끝난 후 그들은 경마를 열었다. ⁴ 경마는 매우 인기 있어서 그들은 그것을 다음 해에도 열었다. ⁵ 1818년에 그들은 처음으로 맥주를 팔기 시작했고, 1819년에 뮌헨시는 옥토버페스트를 연례 축제로 만들기로 했다. ⁶ 그리고 나서, 옥토버페스트는 빠르게 성장했다. ⁷ 뮌헨의 많은 맥주 회사들은 축제에 참여했고 밴드 연주와 연극을 제공했다. ⁸ 그들은 방문객을 모으기 위해 더 많은 가게와 놀이기구를 갖기 시작했다. ⁹ 그러나 독일이 1, 2차 세계대전의 중심지가 되면서 축제는 여러 해 동안 중단되었다. ¹⁰ 1949년에 뮌헨 사람들은 축제를 다시 시작했다. ¹¹ 2000년대 이후에 옥토버페스트는 세계의 가장 큰 맥주 축제가 되었다. ¹² 이 독일 민속 축제는 이제 세계에서 가장 큰 축제 중 하나가 되었다. ¹³ 전 세계에서 약 6백만 명의 사람들이 매년 뮌헨을 방문한다. ¹⁴ 우리는 옥토버페스트로부터 전통과 국제적인 특색의 좋은 결합은 민속 축제를 전 세계 사람들에게 인기 있는 것으로 바꿀 수 있다는 것을 배울 수 있다.

필수 구문 확인하기

¹⁴ We can learn from Oktoberfest **that** <u>a good mix of tradition and international flavor</u> <u>can turn a</u>
　　　　　　　　　　　　　　　　　　　　　　　　　　　　S'　　　　　　　　　　　　　　　V'

folk festival into *something* [popular among people all around the world].

▶ that 이하는 learn의 목적어 역할을 하는 명사절이다.

▶ popular 이하가 something을 뒤에서 수식한다.

교육부 지정 중학 필수 어휘
1 notice 2 device 3 supported 4 steel 5 managed 6 career 7 duty

START READING!
1 ② 2 smart enough not to miss

KEEP READING!
1 ② 2 ③ 3 ⑤ 4 support

KEEP READING! 해설

1 지문에 가장 적절한 제목을 고르는 문제이다. 가난한 환경에서 태어난 앤드루 카네기가 성실함과 노력으로 세계 최고의 부자가 되고 나서 불우한 이웃을 도왔다는 내용이므로 정답은 ②이다.

2 카네기가 1872년 유럽을 방문했을 때, 사람들이 강철을 필요로 한다는 것을 알아차렸다(When Carnegie visited ~ people needed steel.)고 했으므로 정답은 ③이다.

3 그는 매우 열심히 일했다(He worked very hard, ~ about it.)는 내용이 나오고, 그곳에서 일하는 동안에 사업과 투자에 대해 공부했다(He also learned ~ was working there.)는 내용이 이어지므로 (A)에는 worked, (B)에는 studied가 들어가는 것이 알맞다. 정답은 ⑤이다.

　　카네기는 열심히 (A) 일했을 뿐만 아니라, 사업에 대해서도 (B) 공부했다.

　　(A)　　　　　　(B)
① 운동했다　……　배웠다
② 공부했다　……　창조했다
③ 일했다　　……　만들었다
④ 살았다　　……　시도했다
⑤ 일했다　　……　공부했다

4 ⓐ는 '한 의견이나 사람에 찬성하며 그들이 성공할 수 있도록 도와주는 것'을 의미하고 ⓑ는 '누군가가 필요한 돈, 음식 또는 다른 것들을 제공하는 것'을 의미하므로 정답은 support(지지하다, 응원하다; 후원하다, 지원하다)이다.

끊어서 읽기

앤드루 카네기는 매우 열심히 일했다. 　　　　그는 다양한 일을 하면서 사회생활을 시작했다.
¹ Andrew Carnegie worked very hard. ² He started his career with many

　　　　　　1853년에　／　　　그는 철도 회사에서 일하기 시작했다.
different jobs. ³ In 1853, / he started working for the railroads. ⁴ His
　　　　　　　　　　　　　　　　　　　　　　　　　　　-ing〈~하는 것을〉

그의 일은 ~였다 ／　　장치로 메시지를 보내는 것.　　　그는 매우 열심히 일했다　／／
duty was / to send messages with devices. ⁵ He worked very hard, //
　　to+동사원형〈~하는 것〉

　　그리고 많은 사람들이 그것에 대해 알았다.　　　곧, 그는 다른 사람들을 관리하는 역할을 맡았다.
and many people knew about it. ⁶ Soon, he had a role managing

　　　　　　그는 또한 사업과 투자하는 것에 대해 배웠다　　　／／
others. ⁷ He also learned about business and investing //

　　그가 거기에서 일하는 동안에.
while he was working there.

　　　　카네기는 1872년에 유럽을 방문했다　　　／／ 그는 사람들이 강철을 필요로 한다는 것을 알아차렸다.
⁸ When Carnegie visited Europe in 1872, // he noticed that people
　　　　　　　　　　　　　　　　　　　　　　　　(~인 것을)

어휘 확인하기

career 직업; 사회생활, 경력
duty 의무, 업무
device (기계적) 장치
manage 해내다, 처리하다; 관리하다, 감독하다
notice 알아채다, 인지하다; 주목하다; 통지, 통보; 주의, 주목
steel 철, 강철; 철강업
partner 협력자, 동업자
success 성공
banker 은행가
million 100만
support 지지하다, 응원하다; 후원하다, 지원하다; 지지, 지원
in need 어려움에 처한, 궁핍한

needed steel. ⁹ 그가 미국에 돌아오자마자 As soon as he came back to America, // 그는 자신의 he invested his
(~하자마자)

돈을 강철에 투자했다. money in steel. ¹⁰ 그는 땅을 샀다 He bought land / 그리고 강철 공장을 지었다 and built a steel factory / 몇몇의 with some

협력자들과. partners. ¹¹ 그것은 카네기에게 큰 성공이었다. It was a big success for Carnegie. ¹² 그가 번 돈으로 With the money he made,

/ 그는 공장을 더 지었다. / he built more factories. ¹³ 그 공장들은 카네기 강철 회사가 되었다 Those factories became the Carnegie Steel

Company / 1892년에. in 1892.

¹⁴ 1901년에 In 1901, / 카네기는 그의 회사를 팔았다 Carnegie sold his company / 은행가인 J.P. 모건에게 to the banker J.P. Morgan /

4억 8천만 달러에. for 480 million dollars. ¹⁵ 그는 세상에서 가장 부유한 사람이 되었다. He became the richest man in the world.

¹⁶ 그가 회사를 떠난 후에 After he left the company, // 카네기는 어려움에 처한 사람들을 지원하길 원했다. Carnegie wanted to support people in need.

to+동사원형 〈~하는 것을〉

¹⁷ 그는 또한 자신의 돈을 주었다 He also gave his money / 많은 도서관과 다른 건물을 짓는 데. to build many libraries and other buildings.

해석 한눈에 보기

¹ 앤드루 카네기는 매우 열심히 일했다. ² 그는 여러 가지 일을 하면서 사회생활을 시작했다. ³ 1853년에 그는 철도 회사에서 일하기 시작했다. ⁴ 그의 일은 장치로 메시지를 보내는 것이었다. ⁵ 그는 매우 열심히 일했고, 많은 사람들이 그것에 대해 알았다. ⁶ 곧, 그는 다른 사람들을 관리하는 역할을 맡았다. ⁷ 그는 또한 거기서 일하는 동안 사업과 투자하는 것에 대해 배웠다.

⁸ 카네기가 1872년에 유럽을 방문했을 때, 그는 사람들이 강철을 필요로 한다는 것을 알아차렸다. ⁹ 그는 미국으로 돌아오자마자 자신의 돈을 강철에 투자했다. ¹⁰ 그는 땅을 사서 몇몇의 협력자들과 강철 공장을 지었다. ¹¹ 그것은 카네기에게 큰 성공이었다. ¹² 그가 번 돈으로 그는 더 많은 공장을 지었다. ¹³ 그 공장들은 1892년에 카네기 강철 회사가 되었다.

¹⁴ 1901년에 카네기는 자신의 회사를 J.P. 모건에게 4억 8천만 달러에 팔았다. ¹⁵ 그는 세상에서 가장 부유한 사람이 되었다. ¹⁶ 회사를 떠난 후 카네기는 불우한 이들을 지원하길 원했다. ¹⁷ 그는 자신의 돈을 많은 도서관과 다른 건물을 짓는 데도 주었다.

필수 구문 확인하기

⁴ His duty <u>was</u> **to send** <u>messages with devices.</u>
　　　　　V　　　　C

▶ to send는 명사적 용법의 to부정사로 '~하는 것'이라는 의미이며, to send 이하가 문장의 보어로 쓰였다.

⁶ Soon, he had *a role* [**managing** others].

▶ managing others는 a role을 수식하는 현재분사구이다.

⁸ When Carnegie visited Europe in 1872, he noticed **that** people needed steel.

▶ that은 명사절을 이끄는 접속사로 that 이하는 동사 noticed의 목적어 역할을 한다.

¹⁶ After he left the company, Carnegie wanted to help *people* [**in need**].

▶ in need는 '어려움에 처한, 궁핍한'이라는 뜻으로, 바로 앞의 people을 수식한다.

Chapter 08

본문 p.30~33

01 [국어 | 시작하는 기쁨] 처음 만났을 때는 …

교육부 지정 중학 필수 어휘
1 simple 2 repeated 3 communicate 4 interest 5 conversation 6 connects

START READING!
1 ③ 2 can be scary to meet

KEEP READING!
1 ② 2 (1) T (2) T (3) F 3 ④ 4 ② 5 repeat

KEEP READING! 해설

1 지문에 가장 적절한 주제를 고르는 문제이다. 처음 만난 사람과 대화를 나누는 방법을 설명하고 있으므로 정답은 ②이다.

2 상대방에 대한 단순한 질문들을 하는 것이 관심을 보이는 방법이라고 했으므로 (3)은 F이다.

3 지문에서 좋은 첫 대화법으로 언급되지 않은 것을 고르는 문제이다. 이름 외에는 다른 질문을 하지 말라는 내용은 언급되지 않았으므로 정답은 ④이다.
   ① 웃으며 눈 맞춤을 하라.
   ② 눈길을 돌리지 마라.
   ③ 이름을 주고받아라.
   ④ 이름 외에는 다른 질문을 일체 하지 마라.
   ⑤ 대화를 정중하게 끝내라.

4 빈칸에 들어갈 문장으로 적절한 것을 고르는 문제이다. 빈칸의 앞부분에 대화를 끝낼 때는 상대방과 만난 것을 즐겼다고 말해야 한다 (When you end ~ that you enjoyed meeting him.)는 내용이 있으므로 정답은 ②이다.
   ① 당신은 좋은 점수를 받아야 합니다
   ② 만나서 반가웠습니다
   ③ 절대 포기하지 마세요
   ④ 오랜만이네요
   ⑤ 제 소개를 하겠습니다

5 ⓐ는 '당신이 들은 것을 똑같이 말하는 것'을 의미하고 ⓑ는 '무언가를 다시 하거나 어떤 일이 다시 일어나게 하는 것'을 의미하므로 정답은 repeat((말·행동을) 반복하다, 되풀이하다; (다른 사람의 말을) 따라 하다)이다.

끊어서 읽기

우선 웃으며 눈 맞춤을 하라. / 행복해 하라 / 새로운 사람을 만난 것을.
¹ First, smile and make eye contact. ² Be happy / to meet someone

이것은 만들 것이다 / 자연스러운 미소를 / 그리고 다른 사람도 행복하게 만들 것이다.
new. ³ This will create / a natural smile / and make the other person

눈 맞춤을 하는 것은 / 또한 중요하다.
happy, too. ⁴ Making eye contact / is also important. ⁵ When you

당신이 누군가 똑바로 바라볼 때 // 그것은 보여준다 // 당신이 듣고 있다는 것을.
look someone in the eye, // it shows // that you are listening. ⁶ It is
(~인 것을)

어휘 확인하기

eye contact 눈 맞춤
create 만들다, 창조하다
natural 자연스러운
important 중요한
rude 무례한, 예의 없는
look away 눈길을 돌리다
interested 관심 있어 하는
connect 연결하다, 잇다; 접속하다

매우 무례하다 / 눈길을 돌리는 것은.　　그는 생각할지도 모른다 //　　당신이 전혀
very rude / to look away. [7]**He might think // that you are not**
　　　to+동사원형 (~하는 것은)　　　　　　　　　　　(~인 것을)

관심이 없다고.　　　눈 맞춤은 한 가지 방법이다 /　　　다른 사람들과 연결되는.
interested at all. [8] **Eye contact is one way / to connect with others.**
　　　　　　　　　　　　　　　　　　　　　to+동사원형 (~할)

당신은 보여줄 필요가 있다 //　　당신은 열려 있다는 것을 /　　그리고 의사소통할 준비가 되었다는 것을.
[9] **You need to show // that you are open / and ready to communicate.**
　　　　　　　　　　　　(~인 것을)

다음으로는 무엇을 할까?　　이름을 교환하라.　　당신이 다른 사람의 이름을 알게 됐을 때
[10] **What's next?** [11] **Exchange names.** [12] **When you learn the other**

　　　　　　　　　　　//　　그것을 따라 하고 말하라 /　　"만나서 반갑습니다."
person's name, // repeat it and say, / "Nice to meet you."

　　그 사람의 이름을 따라 하는 것은 /　　당신이 그것을 기억하는 것을 도울 것이다.　　그 후에
[13] **Repeating the person's name / will help you remember it.** [14] **After,**

　　다른 사람에게 관심을 보여라 /　　　그에 관한 질문을 함으로써.
show interest in the other person / by asking questions about him.

~와 같은 단순한 질문들 /　　"무엇을 하는 걸 좋아하세요　　/　여가 시간에?"
[15] **Simple questions like, / "What do you like to do / in your free**

/　　또는 "어디에 사세요?" /　　충분히 좋을 것이다.
time?" / or "Where do you live?" / will be good enough. [16] **When**

대화를 끝냈을 때 //　　당신은 그에게 말해야 한다 //
you end the conversation, // you should tell him // that you
　　　　　　　　　　　　　　　　　　　　　　　(~인 것을)

당신이 그와 만난 것을 즐겼다고.　　당신은 말할 수 있다 //　　"만나서 반가웠습니다."
enjoyed meeting him. [17] **You can say, // "It was great meeting you."**

communicate 의사소통을 하다; (생각이나 느낌 등을) 전하다
exchange 교환하다, 주고받다
repeat (말·행동을) 반복하다, 되풀이하다; (다른 사람의 말을) 따라 하다; 반복
interest 관심, 흥미; ~의 관심[흥미]을 끌다
simple 간단한, 단순한; 소박한
conversation 대화, 회화

해석 한눈에 보기

[1] 우선 웃으며 눈 맞춤을 하라. [2] 새로운 사람을 만난 것을 행복해 하라. [3] 이것은 자연스러운 미소를 만들 것이고 다른 사람도 행복하게 해 줄 것이다. [4] 눈 맞춤을 하는 것은 또한 중요하다. [5] 당신이 누군가의 눈을 똑바로 바라볼 때, 그것은 당신이 듣고 있다는 것을 보여준다. [6] 눈길을 돌리는 것은 매우 무례하다. [7] 그는 당신이 전혀 관심이 없다고 생각할지도 모른다. [8] 눈 맞춤은 다른 사람들과 연결되는 한 가지 방법이다. [9] 당신은 열려 있고 의사소통할 준비가 되어 있다는 것을 보여줄 필요가 있다.
[10] 다음으로는 무엇을 해야 할까? [11] 이름을 교환하라. [12] 당신이 다른 사람의 이름을 알게 됐을 때, 그것을 반복하고 "만나서 반갑습니다."라고 말하라. [13] 그 사람의 이름을 따라 하는 것은 당신이 그것을 기억하는 것을 도울 것이다. [14] 그 후에 다른 사람에게 그에 관한 질문을 함으로써 관심을 보여라. [15] "여가 시간에 무엇을 하는 걸 좋아하시나요?" 또는 "어디 사세요?"와 같은 단순한 질문이면 충분히 좋을 것이다. [16] 당신이 대화를 끝냈을 때 당신은 그에게 그를 만난 것을 즐겼다고 말해야 한다. [17] 당신은 "만나서 반가웠습니다."라고 말할 수 있다.

필수 구문 확인하기

[6] **It is very rude to look away.**
　　가주어　　　　　　진주어
▶ It은 가주어, to look 이하가 진주어이다.

[13] **Repeating the person's name will help you remember it.**
　　　　　　S　　　　　　　　　V　　O　　　C
▶ 동명사구(Repeating the person's name)가 주어로 쓰였고, '~하는 것'으로 해석한다.

▶ 「help+목적어+동사원형」은 '~가 …하는 것을 돕다'란 뜻이다. help는 목적격보어로 to부정사나 원형부정사를 취한다.

[16] **When you end the conversation, you should tell him that you enjoyed meeting him.**
　　　　　　　　　　　　　　　　　　　　　　V　IO　　　　DO
▶ that은 명사절을 이끄는 접속사로, that 이하는 동사의 직접목적어 역할을 한다.

▶ enjoy는 동명사를 목적어로 취한다.

교육부 지정 중학 필수 어휘

1 taxes 2 society 3 negative 4 increased 5 crimes 6 faults

START READING!

1 ② 2 (1) F (2) T (3) T

KEEP READING!

1 ④ 2 ③ 3 사회에 부정적인 영향을 주는 것들 4 ④ 5 (a)

KEEP READING! 해설

1 지문에 가장 적절한 주제를 고르는 문제이다. 사회에 부정적인 영향을 주는 물건이나 행위에 붙는 세금이 죄악세이며, 이 세금에는 장점과 단점이 있다는 내용이므로 정답은 ④이다.
 ① 한국의 다른 세금들
 ② 죄악세가 우리에게 어떻게 영향을 미치는가
 ③ 죄악세의 역사
 ④ 죄악세란 무엇인가
 ⑤ 세금이 어떻게 사용되는가

2 경기장을 짓는 데 죄악세를 쓴 곳은 미국(the U.S. used this money to build a stadium)이므로 ③은 일치하지 않는다.

3 밑줄 친 those items 앞에서 죄악세는 사회에 부정적인 영향을 주는 것들에 대한 세금(This is because a sin tax is ~ effect on society.)이라는 내용이 나오고, 그 예로 술과 담배가 나오므로 those items가 의미하는 것은 '사회에 부정적인 영향을 주는 것들'이다.

4 빈칸 앞부분에서 정부는 이 돈을 특별한 프로젝트를 위해 사용한다고 했고, 빈칸 뒤로는 미국은 경기장을 짓는 데, 스웨덴은 도박을 멈출 수 없는 사람들을 돕는 데 사용했다는 내용이 있으므로 정답은 ④이다.
 ① 하지만, 그러나 ② 결과적으로 ③ 게다가 ④ 예를 들어 ⑤ 대신에

5 본문의 fault(s)는 '단점, 결점'이라는 뜻이다. 따라서 정답은 (a)이다.
 (a) 나는 그녀의 유일한 단점이 모든 것에 너무 신경을 많이 쓰는 거라고 생각한다.
 (b) 식당 직원이 깨진 접시를 발견했다. 한 소년이 다가와서 그의 잘못을 인정했다.

끊어서 읽기

오해하는 것이 쉽다 / 죄악세의 개념을. 당신은 생각할 지도 모른다
¹ It's easy to <u>to misunderstand</u> / the concept of a sin tax. ² You might
<u>to+동사원형 (~하는 것은)</u>

오직 나쁜 사람들이 죄악세를 낸다고 / 그들의 범죄에 대해.
imagine // that only bad people pay sin tax / for their crimes.
(~인 것을)

그런데 당신도 죄악세를 낼 수 있다 // 심지어 당신이 아무 잘못된 일도 하지 않을 때조차.
³ However, you can pay sin tax // even when you don't do anything

왜냐하면 ~이기 때문이다 / 죄악세는 실제로 단지 세금이다 /
wrong. ⁴ This is because / a sin tax is actually just a tax / on things

사회에 부정적인 영향을 주는 것들에 대한. 예를 들어, 사람들은 생각한다 //
that have a negative effect on society. ⁵ For example, people think //

술과 담배는 나쁘다고 / 대부분의 사회에서. 그러므로 /
ₐalcohol and cigarettes are bad / in most societies. ⁶ Therefore, / <u>to</u>
that

어휘 확인하기

misunderstand 오해하다

concept 개념

tax 세금; 세금을 부과하다, 과세하다

imagine 상상하다, (마음속으로) 그리다

crime 범죄

criminal 범인, 범죄자; 범죄의

actually 실제로, 정말로

negative 부정적인, 나쁜; 부정, 거부

effect 영향, 효과

society 사회; 집단; 협회, 단체

사회를 더 낫게 만들기 위해 / 정부는 그런 물품에 대해 세금을 인상한다.
<u>make</u> society better, / the government increases taxes on those
to+동사원형 <~하기 위해>

그러면 그것들의 가격은 올라간다 // 그리고 사람들은 그것들을 덜 산다.
items. ⁷ Then, their prices go up // and people buy less of them.

정부는 이 돈을 사용한다 / 특별한 프로젝트를 하기 위해.
⁸ Governments use this money / <u>to do</u> special projects. ⁹ For example,
to+동사원형 <~하기 위해>

예를 들어 미국은 이 돈을 사용했다 / 경기장을 짓기 위해 // 그리고 스웨덴은
the U.S. used this money / <u>to build</u> a stadium, // and Sweden
to+동사원형 <~하기 위해>

그것을 썼다 / 사람들을 돕기 위해 / 도박을 멈출 수 없는.
spent it / <u>to help</u> people / who can't stop <u>gambling</u>. ¹⁰ That's the
to+동사원형 <~하기 위해>　　　　　　　-ing <~하는 것을>

그것은 죄악세의 좋은 부분이다.
good part of sin tax.

그런데 죄악세도 단점이 있다. 만약 큰 가격 차이가 있다면
¹¹ However, sin taxes have some faults. ¹² If there is a large price

/ 나라 사이에 / 어떤 물품에 대해 // 사람들은 노력할 것이다
difference / between countries / for certain items, // people will try

/ 그 물품을 불법적으로 얻기 위해 / (가격이) 더 싼 나라에서. 이것은
/ to get the items illegally / from the cheaper country. ¹³ This causes

더 많은 범죄를 일으킨다.
more crime.

죄악세에 대한 당신의 의견은 무엇인가?
¹⁴ What is your opinion of sin taxes?

government 정부, 정권	
increase 늘리다, 인상시키다; 증가, 인상	
item 물품	
price 값, 가격	
stadium 경기장	
fault 잘못, 책임; 단점, 결점	
certain 어떤	
illegally 불법적으로	
cause ~을 초래하다	
opinion 의견	

해석 한눈에 보기

¹ 죄악세의 개념을 오해하기 쉽다. ² 당신은 오직 나쁜 사람들이 자신들의 범죄에 대해 죄악세를 낸다고 생각할 지도 모른다. ³ 그러나 당신이 아무런 잘못된 일을 하지 않을 때조차도 당신은 죄악세를 낼 수 있다. ⁴ 왜냐하면 죄악세는 실제로 단지 사회에 부정적인 영향을 주는 것들에 대한 세금이기 때문이다. ⁵ 예를 들어 대부분의 사회에서 사람들은 술과 담배는 나쁘다고 생각한다. ⁶ 따라서 더 나은 사회를 만들기 위해 정부는 그런 물품들에 세금을 인상한다. ⁷ 그러면 가격은 올라가고 사람들은 그것들을 덜 산다.
⁸ 정부는 특별한 프로젝트를 하기 위해 이 돈을 사용한다. ⁹ 예를 들어 미국은 경기장을 짓기 위해 사용했고, 스웨덴은 도박을 그만둘 수 없는 사람을 돕기 위해 사용했다. ¹⁰ 그것은 죄악세의 좋은 부분이다.
¹¹ 그런데 죄악세에도 단점이 있다. ¹² 만약 어떤 물품에 대해 나라 간의 큰 가격 차이가 있다면, 사람들은 그 물품을 (가격이) 더 싼 나라로부터 불법적으로 얻기 위해 노력할 것이다. ¹³ 이것은 더 많은 범죄를 일으킨다.
¹⁴ 죄악세에 대한 당신의 의견은 무엇인가?

필수 구문 확인하기

⁴ This is because a sin tax is actually just a tax on *things* [**that** have a negative effect on society].

▶ that은 주격 관계대명사로, that 이하는 선행사 things를 수식한다.

⁹ For example, the U.S. used this money **to build** a stadium, and Sweden spent it **to help** *people* [**who** can't stop gambling].

▶ to build와 to help는 '~하기 위해서'라는 뜻으로 부사적 용법으로 쓰인 to부정사이다.

▶ who는 주격 관계대명사로 who 이하는 선행사 people을 수식한다.

교육부 지정 중학 필수 어휘
1 straight   2 Current   3 exactly   4 equal   5 symbolizes   6 editor

START READING!
1 상징하다, ~의 부호이다   2 have the same meanings

KEEP READING!
1 ④   2 ②   3 (b)   4 해리엇의 등호는 수직이었다   5 equal

KEEP READING! 해설

1 수학의 부등호와 등호가 어디에 처음 소개되었는지, 누구에 의해 처음 사용되었는지 그리고 부등호가 어떻게 변하게 되었는지 설명하는 글이므로 정답은 ④이다.

2 지문의 내용과 일치하지 않는 것을 고르는 문제이다. 부등호들은 1631년 한 책에서 처음 소개되었고 그 책은 영국 수학자인 토마스 해리엇의 저서였다는 내용이 이어지며, 이 책은 그가 1621년에 사망한 후, 10년 후에 출판되었다(It was published ~ death in 1621.)고 했으므로 정답은 ②이다.

3 본문의 straight는 '곧은, 일직선의'라는 뜻이다. 따라서 정답은 (b)이다.
(a) 그는 너무 피곤해서 똑바로 걸을 수 없다.
(b) 이 도로 위에서 빨리 운전하는 것은 쉽지 않다. 그 도로는 전혀 곧지 않다.

4 해리엇의 등호가 우리의 등호와 어떻게 다른지 묻는 문제이다. 해리엇 또한 그의 책에서 같음을 나타내기 위해서 두 직선을 사용했지만 달랐다는 내용이 나오고 우리가 현재 사용하는 것과 다르게 그의 등호는 수직이었다(His equal sign ~ we use now (=).)고 했으므로 정답은 '해리엇의 등호는 수직이었다'이다.

5 '크기, 양, 가치에 있어서 같은'이라는 뜻이므로 정답은 equal(동일한, 같은)이다.

끊어서 읽기

부호들은 / '~보다 큰(>)'과 '~보다 작은(<)'에 대한 / 1631년에 처음
¹ The signs / for greater than (>) and less than (<) / were first

소개되었다 / 한 책에서. 그 책은 저서였다 /
introduced in 1631 / in a book. ² The book was the work / of a

영국 수학자인 토마스 해리엇의. 그것은 출판되었다 /
British mathematician, Thomas Harriot. ³ It was published / 10 years

1621년 그의 죽음 10년 후에. 그러나 / 부호들은 정확하게 같지는 않았다
after his death in 1621. ⁴ However, / the signs were not exactly the

// 그가 처음 그 책을 썼을 때는. 현재의 부호들은 /
same // when he first wrote the book. ⁵ The current symbols /

실제로 발명되었다 / 그 책의 편집자에 의해. 해리엇은 처음에 삼각형의
actually were invented / by the book's editor. ⁶ Harriot used

기호를 사용했다 // 하지만 편집자는 그것들을 바꿨다. 해리엇은
triangular symbols at first, // but the editor changed them. ⁷ Harriot

또한 두 직선을 사용했다 / 그의 책에서 / 같음을 상징하기 위해
also used two straight lines / in his book / to symbolize being
                              to+동사원형 〈~하기 위해〉

어휘 확인하기

sign 기호, 부호
introduce 소개하다
work 작품, 저서
British 영국인의
mathematician 수학자
publish 출판하다, 발행하다
death 죽음, 사망
exactly 정확히, 틀림없이
current 현재의, 지금의
symbol 기호, 부호
actually 실제로
invent 발명하다, 창안하다
editor 편집자, 교정자
at first 처음에는
straight 똑바로, 곧장; 곧은, 일직선의; 솔직한
symbolize 상징하다, ~의 부호이다

equal, // but this was different as well. ⁸ His equal sign was vertical

하지만 이것도 달랐다.　　　　　　　그의 등호는 수직(||)이었다

(||), / not the one we use now (=).

우리가 현재 사용하는 것(=)이 아닌.

⁹ The symbols / for less than or equal to and greater than or equal to

부호들은　　　　　　'~보다 작거나 같은' 그리고 '~보다 크거나 같은'(≤와 ≥)을 위한

(≤ and ≥) / were first used in 1734 / by French mathematician, Pierre

1734년에 처음 사용되었다　　　　　프랑스 수학자, 피에르 부게에 의해.

Bouguer. ¹⁰ The British mathematician John Wallis / used similar symbols

영국의 수학자 존 월리스는　　　　　　　　　　1670년에 비슷한 부호를 사용했다.

in 1670. ¹¹ Wallis used the less than and greater than symbols / with a

월리스는 '~보다 작은'과 '~보다 큰'을 나타내는 부호를 사용했다

single line above them.

그것들 위에 선 하나와 함께.

---

equal 동일한, 같은
similar 비슷한
single 하나의

[선택지 어휘]
quantity 양, 분량
value 가치

해석 한눈에 보기

¹ '~보다 큰'과 '~보다 작은'을 나타내는 부호(부등호)는 1631년, 한 책에서 처음 소개되었다. ² 그 책은 영국의 수학자 토마스 해리엇의 저서였다. ³ 그것은 그가 1621년에 죽은 후 10년 뒤에 출판되었다. ⁴ 그러나 그 부호들은 그가 처음 책을 썼을 때와 정확히 같지는 않았다. ⁵ 현재의 부호들은 실제로는 그 책의 편집자에 의해 발명되었다. ⁶ 해리엇은 처음에 삼각형 모양의 기호를 사용했지만 편집자가 그것들을 바꿨다. ⁷ 해리엇은 또한 그의 책에서 같음을 상징하기 위해 두 개의 직선을 사용했지만 이것도 역시 달랐다. ⁸ 그의 등호는 수직으로, 우리가 현재 사용하는 것이 아니었다.
⁹ '~보다 작거나 같은'과 '~보다 크거나 같은'을 나타내는 부호(부등호)는 1734년에 프랑스 수학자 피에르 부게에 의해 처음 사용되었다. ¹⁰ 영국의 수학자 존 월리스는 1670년에 비슷한 기호를 사용했다. ¹¹ 월리스는 '~보다 작은'과 '~보다 큰'을 나타내는 부호 위에 한 개의 선이 있는 것을 사용했다.

필수 구문 확인하기

⁸ His **equal sign** was vertical (||), not the **one** we use now (=).

▶ one은 앞서 나온 명사 equal sign을 가리킨다.

⁹ *The symbols* [for less than or equal to and greater than or equal to (≤ and ≥)] **were** first **used** in 1734
         S   V

by French mathematician, Pierre Bouguer.

▶ The symbols 뒤에 수식어구가 붙어 주어가 길어졌다. 문장의 동사 were used는 수동태로 「be동사+과거분사(p.p.)」의 형태이고, by 이하는 행위자를 나타낸다.

---

04 [과학 | 물질의 구성] 고독한 은둔생활을 했던 과학자

본문 p.42~45

교육부 지정 중학 필수 어휘
1 manner 2 degree 3 social 4 avoid 5 fortune 6 concern

START READING!
1 ② 2 (1) T (2) T (3) F

KEEP READING!
1 ⑤ 2 ② 3 (b) 4 쪽지를 통해서 5 concern

KEEP READING! 해설

1 지문에 가장 적절한 제목을 고르는 문제이다. 특이한 성격의 캐번디시는 사람들과 잘 지내지 못했지만, 과학자로서 많은 업적을 남겼다는 내용의 글이므로 정답은 ⑤이다.
① 캐번디시 같은 과학자가 되는 방법
② 케임브리지 대학교에 입학하는 방법
③ 일생을 인류에 바친 과학자, 캐번디시
④ 노벨상을 받은 과학자, 캐번디시
⑤ 괴짜 과학 천재, 캐번디시

2 지문에 캐번디시는 결코 사교적인 사람은 아니었지만, 인간에 대한 그의 태도가 매우 비우호적으로 변했다(He had never ~ became very unfriendly.)고 했으므로 ②는 일치하지 않는다.

3 본문의 degree는 '학위'를 의미한다. 따라서 정답은 (b)이다.
(a) 전 세계 기온이 1도라도 오르는 것은 큰 문제가 될 수 있다.
(b) 그녀는 학업을 마치고 학위를 받았을 때 행복했다.

4 지문에서 캐번디시는 오직 쪽지를 통해서 하녀들에게 말했다(He only spoke ~ through notes!)고 했으므로 정답은 '쪽지를 통해서'이다.

5 '관심 있어 하는 감정'이라는 의미이므로 정답은 concern(관심)이다.

끊어서 읽기

헨리 캐번디시는 가장 유명한 과학자 중 한 명이었다 / 세계에서.
1 Henry Cavendish was one of the most famous scientists / in the

그는 케임브리지에서 공부했다 // 그러나 그는 학위를 따지 못했다.
world. **2** He studied at Cambridge, // but he didn't get a degree.

아무도 확실히 알지 못한다 // 왜 그가 케임브리지를 떠났는지.
3 Nobody knows for certain // why he left Cambridge.

케임브리지를 떠난 지 20년 후에 / 캐번디시는 매우 부유한 사람이 되었다.
4 Twenty years after leaving Cambridge, / Cavendish became a very

그는 막대한 재산을 받았다 / 그의 가문으로부터. 그러나 여기
rich man. **5** He received a huge fortune / from his family. **6** But here's

이상한 부분이 있다. 캐번디시가 42세가 되었을 때 //
the weird part. **7** When Cavendish was 42 years old, // something

무언가가 그의 삶에서 변했다. 그는 결코 사교적인 사람이 아니었다 //
changed in his life. **8** He had never been a social man, // but his

그러나 사람에 대한 태도가 / 매우 비우호적으로 되었다. 그는 ~하지 않았을 뿐만 아니라 /
manner toward humans / became very unfriendly. **9** He not only /

다른 사람들에 대해 관심이 없었다 / 또한 사람들에게 말하는 것을 싫어했다.
had no concern for others, / but also hated speaking to them.
-ing 〈~하는 것을〉

게다가 그는 여자를 피했다. 그의 하녀들은 분리된 계단을 사용해야 했다
10 Moreover, he avoided women. **11** His maids had to use separate

/ 그의 집에서. 그는 오직 그들에게 말했다 / 쪽지를 통해서!
stairs / in his house. **12** He only spoke to them / through notes! **13** If

만약 그가 우연히 하녀를 만나면 / 그의 집에서 // 그는 그녀를 즉시 해고했다.
he accidentally met a maid / in his house, // he fired her right away.

어휘 확인하기

degree (각도, 온도 단위인) 도; 학위

for certain 확실히, 틀림없이

huge 막대한

fortune 행운; 부, 재산

family 가문

weird 기이한, 이상한

social 사회의; 사교적인

manner (일의) 방식; (사람의) 태도; 예의

unfriendly 비우호적인, 불친절한

concern 영향을 미치다, 관련되다; 우려, 걱정; 관심

avoid 방지하다, 막다; 피하다, 회피하다

maid 하녀, 가정부

stair 계단

note 쪽지, 편지

accidentally 우연히

fire 해고하다

right away 즉각, 곧바로

laboratory 실험실

scientific 과학의, 과학적인

publish 출판하다, 발행하다

modern 현대의, 근대의

century 세기

14 Cavendish spent hours in his laboratory / every day / and wrote

캐번디시는 그의 실험실에서 시간을 보냈다 / 매일 /

several scientific papers. **15** But those were not published until 1921, /

그리고 여러 과학 논문을 썼다. 그러나 그것들은 1921년까지 출판되지 않았다 /

more than a hundred years after his death. **16** Much of his work still

그의 죽음 이후 100년 이상. 그의 업적의 많은 것은

isn't understood / by modern scientists. **17** Maybe, Cavendish was a

여전히 이해되지 않는다 / 현대 과학자들에 의해. 아마도 캐번디시는 사람이었다

man / several centuries ahead of his time.

/ 그의 시대보다 여러 세기를 앞선.

해석 한눈에 보기

1 헨리 캐번디시는 세계에서 가장 유명한 과학자 중 한 명이었다. **2** 그는 케임브리지에서 공부했지만 학위는 받지 못했다. **3** 아무도 왜 그가 케임브리지를 떠났는지 확실히 알지 못한다.

4 케임브리지를 떠난 지 20년 후, 캐번디시는 매우 부유한 사람이 되었다. **5** 그는 자신의 가문으로부터 막대한 재산을 받았다. **6** 그러나 여기 이상한 부분이 있다. **7** 캐번디시가 42세가 되었을 때, 뭔가가 그의 삶에서 변했다. **8** 그는 이전부터 결코 사교적인 사람은 아니었지만, 사람에 대한 그의 태도는 매우 비우호적이 되었다. **9** 그는 다른 사람에게 어떤 관심도 없었을 뿐 아니라 사람들에게 말하는 것도 싫어했다. **10** 게다가 그는 여자를 피했다. **11** 하녀들은 그의 집에서 별도의 계단을 사용해야 했다. **12** 그는 그들과 쪽지를 통해서만 대화했다! **13** 만약 집에서 하녀를 우연히 만나면 그는 그녀를 바로 해고했다.

14 캐번디시는 매일 자신의 실험실에서 시간을 보냈고 여러 과학 논문을 썼다. **15** 그러나 그것들은 1921년, 그가 죽은 후 100년 이상이 될 때까지 출판되지 않았다. **16** 그의 업적의 상당수는 여전히 현대 과학자들에 의해 이해되지 못한다. **17** 아마도 캐번디시는 자신의 시대를 여러 세기 앞선 사람이었다.

필수 구문 확인하기

8 He **had never been** a social man, but his manner toward humans became very unfriendly.

▶ had never been은 「had+p.p.」 형태의 과거완료로 '~인 적이 없었다'라는 의미이다.

9 He **not only** had no concern for others, **but also** hated speaking to them.

▶ 「not only A but also B」는 'A뿐만 아니라 B도'의 의미이다.

Chapter 09

01 [국어 | 세상의 안과 밖] 엘리자베스 키스

본문 p.48~51

교육부 지정 중학 필수 어휘
1 continued 2 talented 3 education 4 surroundings 5 canceled 6 traditional

START READING!
1 계속되다, 지속하다 2 seems to be waiting

KEEP READING!
1 ② 2 ⑤ 3 ④ 4 talented 5 spent the whole night playing

KEEP READING! 해설

1 지문에 가장 적절한 제목을 고르는 문제이다. 엘리자베스 키스와 그녀의 그림에 관한 이야기이므로 정답은 ②이다.

2 엘리자베스는 제2차 세계대전 때문에 일본으로 돌아가지 못했다(After World War II ~ canceled.)고 했으므로 정답은 ⑤이다.

3 지문에서 surroundings는 '환경'이라는 뜻으로 쓰였으므로 같은 의미를 갖고 있는 단어는 ④이다.
   ① 신전, 사원, 절   ② 교육   ③ 취소하다   ④ 환경   ⑤ 부양하다

4 '무언가를 잘 할 수 있는 타고난 능력을 가지고 있는'이라는 뜻이므로 talented(재능이 있는, 유능한)가 정답이다.

5 '~에[하면서] 시간을 할애하다, 보내다'는 「spend + 시간 + (in) -ing」로 나타내므로 spent the whole night playing이 정답이다.
   내 남동생은 어제 새로운 비디오 게임을 하면서 밤새도록 시간을 보냈다[내 남동생은 어제 밤새도록 새로운 비디오 게임을 했다].

끊어서 읽기

엘리자베스 키스는 태어났다 / 스코틀랜드에서 1887년에. 그녀의 가족이 런던으로 이사했을 때
¹ Elizabeth Keith was born / in Scotland in 1887. ² When her family

/ 1898년에 // 그녀는 많은 시간을 보냈다 / 그림에.
moved to London / in 1898, // she spent a lot of time / in drawing.

비록 그녀는 어떤 교육도 받지 않았지만 / 또는 전문적인 훈련 /
³ Although she didn't get any education / or professional training /

미술에 대한 // 그녀는 매우 재능 있는 예술가였다. 어느 날 / 그녀의 언니가
in art, // she was a very talented artist. ⁴ One day, / her sister

영국 남자와 결혼했다 / 도쿄에 있는 / 그리고 엘리자베스를 일본으로 초대했다.
married an English man / in Tokyo / and invited Elizabeth to Japan.

엘리자베스는 일본의 풍경과 신사를 무척 좋아했다 /
⁵ Elizabeth loved the Japanese landscape and temples, / and

그리고 그녀의 주변 환경을 스케치했다.
sketched her surroundings.

1919년에, 그녀는 한국을 방문했다. 그녀가 한국에 있는 동안 //
⁶ In 1919, she visited Korea. ⁷ While she was in Korea, // some

어휘 확인하기

drawing 그림, 데생
although (비록) ~이긴 하지만
education 교육
professional 전문적인
training 교육, 훈련
talented 재능이 있는, 유능한
landscape 풍경
temple 신전, 사원, 절
sketch 스케치하다
surroundings 환경
watercolor 수채화 그림물감
traditional 전통의, 전통적인
continue 계속되다, 지속하다
cancel 취소하다, 무효화하다
unable to ~할 수 없는, ~하지 못하는
support 부양하다, 살게 하다

어떤 기독교 선교사들이 그녀가 모델을 찾는 것을 도왔다.   처음에 그녀는 스케치했다

Christian missionaries helped her find models. ⁸ At first, she sketched

/   그리고 수채화 그림물감을 사용했다   /   자신의 그림에.   나중에 그녀는

/ and used watercolors / for her paintings. ⁹ Later, she used

일본의 전통적인 목판을 사용했다   /   그리고 많은 아름다운 그림들을 찍었다.

traditional Japanese woodblocks / and printed many beautiful

그녀는 또한 중국과 필리핀을 방문했다   /   그리고

pictures. ¹⁰ She also visited China and the Philippines / and

자신의 작업을 계속했다.   제2차 세계대전이 시작된 후에   //

continued her work. ¹¹ After World War II began, //

엘리자베스는 일본으로 돌아갈 수 없었다   //   그리고 그녀의 전시회는

Elizabeth couldn't go back to Japan, // and her shows were

취소되었다.   그녀는 생계를 유지할 수 없었다   /   그녀의 작품을 판 것으로

canceled. ¹² She was unable to support herself / from the sale of her

//   그러나 그녀는 계속 그림 그리는 것과 판화 찍는 것을 했다.

work, // but she continued painting and making prints.

          -ing ⟨~하는 것을⟩   -ing ⟨~하는 것을⟩

해석 한눈에 보기

¹ 엘리자베스 키스는 1887년에 스코틀랜드에서 태어났다. ² 그녀의 가족이 1898년에 런던으로 이사했을 때, 그녀는 많은 시간을 그림을 그리는 데 썼다. ³ 비록 그녀는 예술에 대한 어떤 교육이나 전문적인 훈련도 받지 않았지만, 그녀는 매우 재능 있는 예술가였다. ⁴ 어느 날, 그녀의 언니가 도쿄에 있는 영국 남자와 결혼했고 엘리자베스를 일본으로 초대했다. ⁵ 엘리자베스는 일본의 풍경과 신사를 무척 좋아했고, 자신의 주변 환경을 스케치했다.
⁶ 1919년에 그녀는 한국을 방문했다. ⁷ 그녀가 한국에 있는 동안 어떤 기독교 선교사들이 그녀가 모델을 찾는 것을 도와주었다. ⁸ 처음에 그녀는 스케치를 했고 자신의 그림에 수채화 물감을 사용했다. ⁹ 나중에 그녀는 전통적인 일본 목판을 사용했고 많은 아름다운 그림들을 찍어냈다. ¹⁰ 그녀는 또한 중국과 필리핀을 방문했고, 자신의 작업을 계속했다. ¹¹ 제2차 세계대전이 시작된 후로 엘리자베스는 일본으로 돌아갈 수 없었고 그녀의 전시회는 취소되었다. ¹² 그녀는 작품을 판 것으로 생계를 이어갈 수 없었지만 계속해서 그림을 그리고 판화를 찍었다.

필수 구문 확인하기

² When her family moved to London in 1898, she **spent a lot of time in drawing**.

▶ 「spend+시간+(in)+-ing」는 '~에[하면서] 시간을 할애하다, 보내다'의 의미이다. 전치사 in은 생략할 수 있다.

⁷ While she was in Korea, some Christian missionaries **helped her find** models.

▶ 「help+목적어+동사원형」은 '~가 …하는 것을 돕다'의 의미이다.

---

02 [과학 | 분자 운동과 상태 변화] 타이어와 온도
본문 p.52~55

교육부 지정 중학 필수 어휘
1 rises 2 flat 3 necessary 4 tight 5 opposite 6 influence

START READING!

1 ① 2 What is the relationship

KEEP READING!

1 ③ 2 ⑤ 3 (b) 4 ③ 5 necessary

KEEP READING! 해설

1 지문에 가장 적절한 제목을 고르는 문제이다. 계절의 온도가 타이어에 미치는 영향에 관한 글이므로 정답은 ③이다.

2 겨울철 차가운 공기는 여름철 더운 공기에 비해 압력이 낮기 때문에 차 바퀴의 테에 타이어가 꽉 조이지 않으면 사고가 일어날지도 모른다(When the tires are no ~ may happen.)는 내용이다. 따라서 겨울철에 타이어를 단단히 조이기 위해 자주 공기를 넣어야 한다는 의미이므로 일치하지 않는 것은 ⑤이다.

3 본문의 flat은 '바람이 빠진, 펑크 난'의 의미로 쓰였으므로 정답은 (b)이다.
　(a) 축구장은 평평해야 한다. 그것은 매우 중요하다.
　(b) 바람 빠진 타이어는 그 안에 충분한 공기가 없다.

4 바깥 온도가 올라갈 때, 타이어 안의 공기 압력이 올라가기 때문에 바람 빠진 타이어를 초래할 수 있다(When the outside ~ the tires rises.)고 했으므로 (A)에는 increases, (B)에는 cause가 들어가는 것이 알맞다. 정답은 ③이다.

　타이어가 뜨거워지면 압력은 (A) 올라가고, 이것은 바람 빠진 타이어를 (B) 초래할 수 있다.
　　(A)　　　　　　(B)
　① 낮추다　……　만들다
　② 내리다　……　창조하다
　③ 올라가다　……　초래하다
　④ 더하다　……　짓다
　⑤ 올라가다　……　멈추다

5 '무언가를 하기 위해 또는 어떤 일을 일어나게 하도록 필요한'을 의미하므로 정답은 necessary(필요한, 없어서는 안 될)이다.

끊어서 읽기

온도는 큰 영향을 미칠 수 있다　　　　　/ 타이어에.
1 The temperature can have a huge influence / on tires. 2 When the

외부의 온도가 올라갈 때　　　　// 그것은 바람 빠진 타이어를 초래할 수 있다 //
outside temperature increases, // it can lead to flat tires // because

타이어 내부의 공기 압력이 올라가기 때문에.　　여름에　　/ 자동차 타이어의 온도는
the air pressure inside the tires rises. 3 In summer, / the temperature

/ 주행 전에　/ 약 섭씨 30도이다.　　그리고 그것은 올라갈 수 있다 /
of car tires / before driving / is around 30°C. 4 And it may go up /

섭씨 100도까지　//　차가 움직일 때　/　시속 60킬로미터의 속도로.
to 100°C // when the car travels / at a speed of 60 kilometers per

hour (60 km/h).

공기는 더 빠르게 움직인다　//　그것이 뜨거울 때.　이것은 의미한다　//　뜨거운 공기는
5 Air moves faster // when it gets hot. 6 This means // that hot air
　　　　　　　　　　　　　　　　　　　　　　　　　　　　　(~인 것을)

증가를 나타낸다　/　압력의.　그래서 타이어는 점점 더 커진다
represents an increase / in pressure. 7 So, tires become larger and

//　그것이 뜨거워질수록.　결국　/　그것들은 압력을 견딜 수 없다
larger // as they get hotter. 8 In the end, / they can't stand the

/ 그리고 바람이 빠진다.
pressure / and go flat.

찬 온도는 정반대의 영향을 미친다.　　　　　타이어 안의 공기 압력은
9 Cold temperatures have the opposite influence. 10 The air pressure in

---

어휘 확인하기

temperature 온도, 기온

huge 거대한

influence 영향, 영향력; 영향을 미치다

increase 증가하다, 늘다; 증가

lead 초래하다, (어떤 결과에) 이르게 하다

flat 평평한; 바람이 빠진, 펑크 난

go flat (타이어가) 바람이 빠지다

pressure 압력

rise 증가, 상승; 오르다, 증가하다

represent 나타내다, 의미하다

stand 참다, 견디다

opposite 맞은편의; 정반대의; 반대

tight 꽉 조이는, 단단한

accident 사고

thus 그러므로

necessary 필요한, 없어서는 안 될

carefully 주의하여, 조심스럽게

safety 안전

낮아진다 // 왜냐하면 차가운 공기는 공간이 덜 필요하다 / 움직이기 위해서.
the tires gets lower // because cold air needs less space / to move.

to+동사원형 (~하기 위해)

타이어가 더 이상 (차 바퀴의) 테를 조이지 않으면 / 공기 압력으로 //
¹¹ When the tires are no longer tight on the rims / from air pressure, //

사고가 날 수도 있다. 그러므로 여름과 겨울에는 / 필수적이다 /
an accident may happen. ¹² Thus, in summer and winter, / it is necessary /

당신의 타이어를 주의 깊게 확인하는 것이. 안전이 가장 중요한 것이다.
to check your tires carefully. ¹³ Safety is the most important thing.

해석 한눈에 보기

¹ 온도는 타이어에 큰 영향을 줄 수 있다. ² 외부 온도가 증가할 때, 타이어 내부의 기압이 올라가기 때문에 그것은 바람 빠진 타이어를 만들 수 있다. ³ 여름에 주행 전 자동차 타이어의 온도는 약 섭씨 30도이다. ⁴ 그리고 차가 시속 60킬로미터의 속도로 움직일 때 그것은 섭씨 100도까지 올라갈 수 있다. ⁵ 공기는 더워질수록 더 빠르게 움직인다. ⁶ 이것은 뜨거운 공기는 압력 증가를 나타낸다는 것을 의미한다. ⁷ 그래서 타이어는 뜨거워질수록 점점 더 커진다. ⁸ 결국 그것들은 압력을 견디지 못하고 바람이 빠진다. ⁹ 찬 온도는 정반대의 영향을 갖는다. ¹⁰ 차가운 공기는 움직이는 공간이 덜 필요하기 때문에 타이어 안의 기압은 낮아진다. ¹¹ 타이어가 공기 압력 때문에 더 이상 (차 바퀴의) 테를 조이지 않으면, 사고가 날 수도 있다. ¹² 그러므로 여름과 겨울에는 당신의 타이어를 주의 깊게 확인하는 것이 꼭 필요하다. ¹³ 안전이 가장 중요한 것이다.

필수 구문 확인하기

¹⁰ The air pressure in the tires gets lower because cold air needs less space to move.

▶ to move는 '~하기 위해서'라는 뜻으로 쓰인 부사적 용법의 to부정사이다.

¹² Thus, in summer and winter, it is necessary to check your tires carefully.

가주어   진주어

▶ it은 가주어, to check 이하가 진주어이다.

---

03 [역사 | 문명의 형성과 고조선의 성립] 파피루스에 정보를 싣다
본문 p.56~59

교육부 지정 중학 필수 어휘
1 layer   2 sticky   3 sheet   4 surface   5 waste   6 pressed

START READING!
1 ②   2 was not the same as the paper

KEEP READING!
1 ②   2 (1) T   (2) F   (3) T   3 ⑤   4 layer   5 surface

KEEP READING! 해설

1 지문에 가장 적절한 주제를 고르는 문제이다. 고대 이집트인들이 파피루스 식물로 종이를 만들었던 방법과 그 종이의 용도에 관한 글이므로 정답은 ②이다.

2 지문에서 파피루스에 이집트 왕의 어록을 작성했다는 내용은 언급되지 않았으므로 (2)는 F이다.

3 가볍고 얇았기 때문에 저장하기 쉽고 사용하기 편리한 것은 그 종이, 즉 파피루스이므로 ⓔ는 파피루스(papyrus)를 가리키며 나머지는 고대 이집트인들을 가리키므로 정답은 ⑤이다.

4 (1) 나는 내 피자 위에 치즈, 양파, 그리고 피망을 (A) 층층이 놓을 것이다.

(2) 케이크 위에는 초콜릿 크림 (B) 층이 올려져 있었다.

첫 번째 문장의 (A)는 '층층이 놓다'를 의미하며, 두 번째 문장에서 (B)는 '층'을 의미하므로 정답은 layer(층, 겹; 층층이 놓다, 겹겹이 쌓다)이다.

5 '어떤 것의 맨 윗부분 혹은 바깥층'을 의미하므로 정답은 surface((사물의) 표면, 표층)이다.

끊어서 읽기

파피루스는 어떻게 ~했는가 / 종이의 한 종류인 / 고대 이집트에서 만들어(졌는가)?
¹ How was papyrus, / a type of paper, / made in ancient Egypt?

이집트 사람들은 파피루스 식물의 줄기를 사용했다 / 그것을 만들기 위해.
² The Egyptians used the stems of papyrus plants / to make it.
to+동사원형 〈~하기 위해〉

그들은 줄기를 얇은 조각으로 잘랐다 / 약 30cm 길이로
³ They cut the stems into thin pieces / about 30 cm long /

그리고 그것을 물속에 두었다 / 잠시. 딱딱한 표면 위에 /
and kept them in water / for a while. ⁴ On a hard surface, /

그들은 조각들을 놓았다 / 나란히 / 그리고 또 다른 조각 층을 놓았다 /
they placed the pieces / side by side / and put another layer of pieces /

위에 / 직각으로. 그것이 아직 젖어있는 동안 // 그들은 두 개의 층을
on top / at a right angle. ⁵ While it was still wet, // they hammered
〈~하는 동안〉

함께 망치로 두드렸다. 두 개의 층은 으깨졌다 / 종이 한 장으로.
the two layers together. ⁶ The two layers were mashed / into a single

그 종이는 그러고 나서 눌렸다 / 무거운 돌로 // 건조되는 동안.
sheet. ⁷ The sheet was then pressed / with heavy stones // while it dried.

그들이 원했을 때 / 긴 종이를 만들기를 //
⁸ When they wanted / to make a long piece of paper, //
to+동사원형 〈~하는 것을〉

그들은 끈적거리는 액체를 사용했다 / 줄기로부터 나온 / 종이를 함께 붙이기 위해.
they used sticky liquid / from the stems / to glue the sheets together.
to+동사원형 〈~하기 위해〉

파피루스로 만든 종이는 / 중요한 정보를 기록하는 데 사용되었다
⁹ The paper made from papyrus / was used to record important

/ 수학, 의학, 기도, 그리고 설화에 대한.
information / about math, medicine, prayers, and folk tales. ¹⁰ All

모든 문서는 / 파피루스로 만들어진 / 또한 '파피루스'라고 불렸다.
the documents / made with papyrus / were also called "papyrus."

그 종이는 가볍고 얇았기 때문에 // 그것은 저장하기에 쉬웠다
¹¹ Because the sheets were light and thin, // they were easy to

/ 그리고 사용하기에 편리했다. 파피루스에 쓸 때 /
store / and convenient to use. ¹² When writing on papyrus, / people

사람들은 줄기의 끝 부분을 사용했다 / 펜으로. 파피루스 식물의 어떤 부분도 ~ 아니다
used the end part of a stem / as a pen. ¹³ No part of the papyrus

/ 쓸모없이 되었다.
plant / went to waste.

어휘 확인하기

stem 줄기
piece 한 부분, 한 조각
for a while 잠시(동안)
surface (사물의) 표면, 표층; 나타나다, 드러나다
place 놓다, 두다
layer 층, 겹; 층층이 놓다, 겹겹이 쌓다
right angle 직각
hammer 망치로 치다
mash 으깨다
sheet 한 장, 한 판
press 신문, 언론; (~을) 내리 누르다
sticky 끈적거리는
liquid 액체
glue (접착제로) 붙이다
record 기록하다
information 정보
medicine 의학, 의술
prayer 기도
folk tale 설화, 전설
document 서류, 문서
store 저장하다
convenient 편리한
go to waste 쓸모없이 되다
waste 낭비하다, 허비하다; 낭비, 허비; 쓰레기

해석 한눈에 보기

¹ 종이의 한 종류인 파피루스는 고대 이집트에서 어떻게 만들어졌는가? ² 이집트 사람들은 그것을 만들기 위해 파피루스 식물의 줄기를 사용했다. ³ 그들

은 줄기를 약 30cm 길이의 얇은 조각으로 잘랐고, 그것들을 잠시 동안 물속에 두었다. ⁴ 그들은 딱딱한 표면 위에 조각을 나란히 놓고 위에 직각으로 또 다른 층을 놓았다. ⁵ 그것이 여전히 젖어 있는 동안 그들은 두 층을 함께 망치로 두드렸다. ⁶ 두 층은 종이 한 장으로 으깨졌다. ⁷ 그리고 나서 종이는 건조되는 동안 무거운 돌로 눌러졌다. ⁸ 더 긴 종이를 만들고 싶을 때는 그들은 종이를 함께 붙이기 위해 줄기로부터 나온 끈적거리는 액체를 사용했다.
⁹ 파피루스로 만든 종이는 수학, 의학, 기도, 그리고 설화에 대한 중요한 정보를 기록하는 데 사용되었다. ¹⁰ 파피루스로 만들어진 모든 문서는 또한 '파피루스'라고 불렸다. ¹¹ 그 종이는 가볍고 얇았기 때문에 저장하기 쉽고 사용하기 편리했다. ¹² 파피루스에 쓸 때는 사람들은 줄기의 끝 부분을 펜으로 사용했다. ¹³ 파피루스 식물의 어떤 부분도 쓸모없는 것이 없었다.

필수 구문 확인하기

⁹ *The paper* [made from papyrus] **was used to record** important information ~.

- ▶ 과거분사구 made from papyrus가 앞의 The paper를 수식한다.
- ▶ 「be used to+동사원형」은 '~하는 데 사용되다'의 의미이다.

¹² **When writing on papyrus,** people used the end part of a stem as a pen.

- ▶ When writing on papyrus는 '때'를 나타내는 분사구문으로, 의미를 명확히 하기 위해 접속사를 생략하지 않았다. When people wrote on papyrus로 바꿔 쓸 수 있다.

---

04 [사회 | 내가 사는 세계] 랜드마크

교육부 지정 중학 필수 어휘
1 marked **2** describe **3** border **4** distance **5** object **6** contrast

START READING!
1 ③ **2** in every country around

KEEP READING!
1 ② **2** (1) F (2) T (3) T **3** natural landmarks, man-made landmarks **4** distance **5** (a)

KEEP READING! 해설

1 지문에 가장 적절한 제목을 고르는 문제이다. '랜드마크'라는 말의 유래와 랜드마크의 종류 및 예를 설명하고 있으므로 정답은 ②이다.
① 랜드마크의 중요성
② 랜드마크의 의미와 종류
③ 세계의 첫 번째 랜드마크
④ 랜드마크를 짓는 방법
⑤ 우리가 랜드마크를 필요로 하는 이유

2 과거에 랜드마크는 왕국의 경계를 표시하는 사물을 칭하는 데 사용되었다(It was used ~ of a kingdom.)고 했으므로 (1)은 F이다.

3 두 종류의 랜드마크가 있는데, 하나는 자연적인 것이고, 다른 하나는 인공적인 것(There are two ~ the other is man-made.)이라고 했으므로 정답은 natural landmarks, man-made landmarks이다.

4 '물건, 장소 또는 시간 시점 사이의 공간의 양'이라는 뜻이므로 정답은 distance(거리)이다.

5 본문의 marks는 '표시하다'라는 뜻이다. 따라서 정답은 (a)이다.
(a) 지도에 있는 이 기호는 공항의 위치를 표시한다.
(b) 내 사촌의 더러운 신발은 바닥 곳곳에 자국을 남겼다.

역사를 통틀어 / 랜드마크는 흔히 방향을 (찾기) 위해 사용되었다 //
¹ Throughout history, / landmarks were often used for directions //

왜냐하면 사람들은 그것들을 쉽게 볼 수 있었다 / 먼 거리에서.
because people could easily see them / from a long distance. ² The

'랜드마크'란 말은 ~에서 왔다 / 옛 영어 단어인 'landmearc.'
word "landmark" came from / the Old English word "landmearc." ³ It

그것은 묘사하는 데 사용되었다 / '경계를 표시하는 사물 / 왕국의.'
was used to describe / "an object that marks the borders / of a

1560년대 이후에 / '랜드마크'의 의미는 의미하는 것으로 변화했다
kingdom." ⁴ After the 1560s, / the meaning of "landmark" changed

/ '유명한 건물 또는 장소 / 쉽게 알아볼 수 있는.'
to mean / "a famous building or place / that is easily recognized."

예를 들어 / 세계에서 가장 많이 방문하는 장소 중 한 곳인 // 에펠탑은
⁵ For example, / one of the most visited sites in the world, // the Eiffel

프랑스 파리의 랜드마크이다.
Tower, is a landmark of Paris, France.

두 가지 종류의 랜드마크가 있다. 하나는 자연적이다 // 그리고 다른 하나는
⁶ There are two types of landmarks. ⁷ One is natural, // and the other

인공적이다. 자연적인 랜드마크는 산이나 폭포 같은 것이다 /
is man-made. ⁸ Natural landmarks are things like mountains or falls /

자연적으로 만들어진. 자연적인 랜드마크의 예는 /
that were naturally created. ⁹ Examples of natural landmarks / are the

미국의 그랜드 캐니언이다 / 그리고 캐나다의 나이아가라 폭포.
Grand Canyon in the United States / and Niagara Falls in Canada.

다른 종류는 인공적인 랜드마크이다. 자연적인 랜드마크와는
¹⁰ The other type is man-made landmarks. ¹¹ In contrast with natural

대조적으로 // 이러한 랜드마크는 건물이나 동상 같은 것이다
landmarks, // these landmarks are things like buildings or statues.

그것들은 또한 한 지역의 상징이다. 뉴욕의 자유의 여신상
¹² They are also the symbol of an area. ¹³ The Statue of Liberty in

// 그리고 중국의 만리장성이 ~로 여겨진다. / 인공적인 랜드마크로.
New York // and the Great Wall in China are viewed / as man-made

landmarks.

throughout ~동안, ~내내
landmark 주요 지형지물, 랜드마크
direction 방향
distance 거리
describe 묘사하다, (말로)설명하다
object 물건, 물체
mark 자국, 얼룩; 기호, 표시; 표시하다
border 경계, 국경
kingdom 왕국
mean 의미하다
recognize 알아보다
site 위치, 장소
man-made 사람이 만든, 인공의
fall 《복수형》 폭포
create 만들다, 창조하다
contrast 대조, 대비; 대조하다, 대비시키다
in contrast with ~와는 대조적으로
statue 동상
symbol 상징
view 여기다, 생각하다

해석 한눈에 보기

¹ 역사를 통틀어 랜드마크는 사람들이 먼 거리에서 쉽게 알아볼 수 있었기 때문에 방향을 (찾기) 위해 흔히 사용되었다. ² '랜드마크'란 말은 옛 영어 단어인 'landmearc'에서 왔다. ³ 그것은 '왕국의 경계를 표시하는 사물'을 묘사하는 데 사용되었다. ⁴ 1560년대 이후에 '랜드마크'의 의미는 '쉽게 알아볼 수 있는 유명한 건물이나 장소'를 의미하는 것으로 변했다. ⁵ 예를 들어 세계에서 가장 많이 방문되는 곳 중 하나인 에펠탑은 프랑스 파리의 랜드마크이다.
⁶ 두 가지 종류의 랜드마크가 있다. ⁷ 하나는 자연적이고 다른 하나는 인공적이다. ⁸ 자연적인 랜드마크는 자연적으로 만들어진 산이나 폭포 같은 것이다. ⁹ 자연적인 랜드마크의 예는 미국의 그랜드 캐니언과 캐나다의 나이아가라 폭포이다. ¹⁰ 다른 종류는 인공적인 랜드마크이다. ¹¹ 자연적인 랜드마크와는 대조적으로, 이러한 랜드마크는 사람이 만든 건물이나 동상이다. ¹² 그것들은 또한 한 지역의 상징이다. ¹³ 뉴욕의 자유의 여신상과 중국의 만리장성이 인공적인 랜드마크로 여겨진다.

7 **One** is natural, and **the other** is man-made.

  ▶ 두 개 중 '하나'는 one, 나머지 '다른 하나'는 the other를 쓴다.

8 Natural landmarks are *things like mountains or falls* [**that** were naturally created].

  ▶ that은 주격 관계대명사로 that 이하는 선행사 things like mountains or falls를 수식한다.

Chapter 10

01 [수학 | 유리수와 순환소수] 수학자 네이피어는 마법사였을까?

본문 p.66~69

교육부 지정 중학 필수 어휘
1 tools 2 dust 3 palm 4 aware 5 supplies 6 truth 7 suspect

START READING!
1 알고 있는, 알아차린 2 (1) F (2) T (3) F

KEEP READING!
1 ③ 2 ② 3 ⑤ 4 ② 5 dust

KEEP READING! 해설

1 지문에 가장 적절한 주제를 고르는 문제이다. 네이피어가 영리한 방법으로 도둑을 잡았다는 내용의 이야기이므로 정답은 ③이다.
① 네이피어의 재미있는 농담
② 사람들은 왜 가끔 거짓말을 하는가
③ 도둑을 찾은 네이피어의 현명한 방법
④ 진실을 말하는 닭을 얻는 방법들
⑤ 진실을 말하는 것의 중요성

2 그는 용의자들을 방 앞에 불렀고 그 방 안은 매우 어두웠다(The room was very dark inside.)고 했으므로 ②가 이 글의 내용과 일치하지 않는다.

3 주머니에 손을 넣은 채 닭을 만졌다고 거짓말을 한 사람은 물건을 훔쳐간 일꾼이므로 ⓔ는 일꾼을 가리키며, 나머지는 존 네이피어를 가리킨다. 따라서 정답은 ⑤이다.

4 빈칸 앞부분에 그들은 모두 자신들이 결백하다고 말했다는 내용이 나오고 빈칸이 포함된 문장에서 그가 무엇인가 하겠다고 다짐하는 내용이 나오므로 정답은 ②이다.
① 하지만, 그러나 ② 그래서 ③ 게다가 ④ 예를 들어 ⑤ 반면에

5 '가루와 같이 빌딩 안에 표면을 덮고 있는 아주 작은 흙이나 모래 조각들'을 의미하므로 정답은 dust(먼지, 티끌)이다.

끊어서 읽기

어느 날 존 네이피어는 알아차렸다 // 많은 도구와
¹ One day, John Napier became aware // that many tools and

물품들이 사라지고 있는 것을. 그는 알았다 // 도둑이 그의 새로운 일꾼들 중 한 명이라는 것을
supplies were disappearing. ² He knew // the thief was one of his new
　　　　　　　　　　　　　　　　　　　　　　that

// 그러나 누구인지 확신하지 못했다. 그들은 모두 말했다 // 자신들은 결백하다고.
workers, // but was not sure who. ³ They all said // that they were
　　　　　　　　　　　　　　　　　　　　　　　　　　　　(~인 것을)

그래서 그는 그것에 대해 뭔가를 하기로 결심했다 / 그리고 방법을 생각했다
innocent. ⁴ So, he decided to do something about it / and thought of a
　　　　　　　　　　to+동사원형 (~하는 것을)

/ 찾아낼.
way / to find out.
　　　to+동사원형 (~할)

그는 용의자들을 불렀다 / 방 앞에. 그 방은 안이 매우 어두웠다.
⁵ He called the suspects / in front of a room. ⁶ The room was very dark

어휘 확인하기

aware 알고 있는, 알아차린
aware of ~을 알고 있는
tool 도구, 연장
supply 공급품, 용품; 공급하다, 지급하다
disappear 사라지다
thief 도둑
innocent 결백한
suspect 의심하다; 혐의자, 용의자
truth 사실, 진실
palm 손바닥; 야자나무

방 안에는 / '진실을 말하는 닭'이 있었다.
inside. **7** In the room, / there was a "truth telling chicken." **8** He told

그는 일꾼들에게 말했다 / 방으로 들어가라고 / 그리고 닭을 만지라고.
the workers / to go into the room / and touch the chicken. **9** He

그는 말했다 // 닭이 도둑을 찾을 수 있다고 // 그들이 그것을 만진 후에.
said // that the chicken could find the thief // after they touched it.
(~인 것을)

각 일꾼이 방으로 간 후에 / 그리고 돌아왔다 //
10 After each worker went into the room / and came back, //

네이피어는 그들의 손을 확인했다. 모두 검은 손바닥을 갖고 있었다 / 한 명을
Napier checked their hands. **11** Everyone had black palms, / except

제외하고. 그의 손바닥은 깨끗했다 / 다른 사람들과 달리. 네이피어는
one person. **12** His palms were clean / unlike the others. **13** Napier

알았다 // 그가 도둑이라는 것을. 그는 어떻게 그것을 했을까?
knew // he was the thief. **14** How did he do that?
that

네이피어가 일꾼들을 모으기 전에 // 그는 닭을 뒤덮었다 /
15 Before Napier gathered the workers, // he covered the chicken /

검은 먼지로. 오직 도둑만이 / 닭을 만지지 않았다 //
with black dust. **16** Only the thief / didn't touch the chicken //

왜냐하면 그는 두려웠기 때문에 // 닭이 알아낼 것을.
because he was afraid // that the chicken would find out. **17** He

그는 자신의 손을 주머니에 계속 넣고 거짓말을 했다 // 자신이 닭을 만졌다고.
kept his hands in his pockets and lied // that he had touched the chicken.

---

except ~을 제외하고는
gather 모으다
dust 먼지, 티끌; 먼지를 털다

[선택지 어휘]
importance 중요성

해석 한눈에 보기

1 어느 날, 존 네이피어는 많은 도구와 물품들이 사라지고 있는 것을 알아차렸다. **2** 그는 도둑이 새로운 일꾼들 중 한 명이라는 것을 알았지만, 누구인지 확신하지 못했다. **3** 그들은 모두 결백하다고 말했다. **4** 그래서 그는 그것에 대해 뭔가를 하기로 결심했고 찾아낼 방법을 생각해 냈다.
5 그는 용의자들을 방 앞에 불렀다. **6** 그 방은 안이 매우 어두웠다. **7** 방 안에는 '진실을 말하는 닭'이 있었다. **8** 그는 일꾼들에게 방에 가서 닭을 만지라고 말했다. **9** 그는 일꾼들이 닭을 만진 후에 그 닭이 도둑을 찾을 수 있다고 말했다. **10** 각 일꾼이 방에 갔다가 돌아온 후, 네이피어는 그들의 손을 확인했다. **11** 한 사람을 제외하고 모든 사람들이 검은 손바닥을 갖고 있었다. **12** 그의 손바닥은 다른 사람들과 달리 깨끗했다. **13** 네이피어는 그가 도둑이라는 것을 알았다. **14** 그는 어떻게 그것을 했을까(알았을까)?
15 네이피어가 일꾼들을 모으기 전에 그는 닭을 검은 먼지로 덮어 씌웠다. **16** 도둑만이 닭이 알아낼까 봐 두려웠기 때문에 닭을 만지지 않았다. **17** 그는 계속 손을 주머니에 넣고 닭을 만졌다고 거짓말을 했다.

필수 구문 확인하기

1 One day, John Napier became aware **that** many tools ~.

▶ that은 명사절을 이끄는 접속사로 that 이하는 became aware의 목적어이다.

17 He kept his hands in his pockets and lied that he **had touched** the chicken.

▶ 닭을 만졌다는 것은 거짓말을 한 과거 시점보다 더 앞선 시점에 일어난 일이므로, 대과거인 「had+p.p.」 형태를 썼다.

교육부 지정 중학 필수 어휘
1 invented 2 concept 3 serve 4 excellent 5 blended 6 situation

START READING!
1 개념 2 (1) T (2) T (3) F

KEEP READING!
1 ④ 2 ④ 3 served 4 기존에 있던 단어들을 합쳐서, 기존에 있던 단어에 새로운 의미를 주어서 5 invent

---

KEEP READING! 해설

1 지문에 가장 적절한 제목을 고르는 문제이다. 신조어가 생겨나는 두 가지 방법과 쓰임에 관해 설명하는 내용이므로 정답은 ④이다.

2 구글이 검색 엔진으로 전 세계에서 사용된다는 것과 이제는 검색 엔진을 사용하는 활동도 나타낸다는 내용만 있을 뿐, 구글이라는 이름을 가지게 된 유래는 언급되지 않았으므로 정답은 ④이다.

3 (1) 그 남자는 40년간 자신의 나라를 (A) 위해 일했다.
(2) 그 웨이터는 우리가 이야기를 나누는 동안 우리의 식사를 (B) 제공했다.
첫 번째 문장의 (A)는 '(조직 · 나라를) 위해 일하다'라는 말이 들어가고, 두 번째 문장의 (B)는 '(음식을) 제공하다'라는 말이 들어가야 적절하므로 정답은 serve((음식을) 제공하다; (조직 · 나라를) 위해 일하다, (사람을) 섬기다)이다.

4 신조어가 만들어지는 두 가지 방법에 대해 묻는 문제이다. 첫 번째 방법은 새로운 말을 만들기 위해서 기존의 단어들을 합치는 것(First is when ~ a new concept.)이라고 했으며, 두 번째 방법은 기존의 단어에 새로운 의미를 주는 것(Neologisms can also ~ for existing words.)이라고 했으므로 정답은 '기존에 있던 단어들을 합쳐서', '기존에 있던 단어에 새로운 의미를 주어서'이다.

5 '새로운 것을 만들거나 디자인하는 것'이라는 뜻으로 정답은 invent(발명하다, 만들다)이다.

끊어서 읽기

당신은 신조어를 만들 수 있다 / 다른 두 방법으로. 첫 번째는
¹ You can make neologisms / in two different ways. ² First is

우리가 기존의 단어들을 가져올 때이다 / 그리고 그것을 합친다 /
when we take existing words / and put them together / to

새로운 개념을 만들기 위해. 예를 들어 단어 'situation'과 'comedy'가 결합되었다
invent a new concept. ³ For example, the words "situation" and
to+동사원형 (~하기 위해)

/ 새로운 단어인 'sitcom'을 만들기 위해.
"comedy" were blended / to create the new term "sitcom." ⁴ A sitcom
to+동사원형 (~하기 위해)

시트콤은 재미있는 텔레비전 드라마 시리즈이다 / 인물에 대한.
is a funny television drama series / about characters.

시트콤의 에피소드는 / 보통 사건에 대한 것이다 / 일어날 수 있는
⁵ Episodes on sitcoms / are usually about events / that can happen

/ 우리 일상생활에서. 마찬가지로 / 'brunch'는 'breakfast'와 'lunch'의 혼합이다.
/ in our daily lives. ⁶ Similarly, / "brunch" is a mixture of "breakfast"

알다시피 // 브런치는 식사이다 /
and "lunch." ⁷ As you know, // brunch is the meal / served between

아침과 점심 사이에 제공되는. 사람들은 보통 그것을 즐긴다 / 늦은 오전에.
breakfast and lunch. ⁸ People usually enjoy it / in the late morning.

어휘 확인하기

existing 기존의, 현재 있는
invent 발명하다, 만들다
concept 개념
situation 경우, 상황; 위치, 장소
blend 섞다, 혼합하다; 혼합, 조합
sitcom 시트콤
usually 보통, 대개
mixture 혼합
meal 식사, 끼니
serve (음식을) 제공하다; (조직 · 나라를) 위해 일하다, (사람을) 섬기다
excellent 훌륭한, 탁월한
search engine 검색 엔진
represent 나타내다
verb 동사

신조어는 또한 새로운 의미가 될 수 있다 / 기존 단어를 위한.

9 Neologisms can also be new meanings / for existing words. **10** An

가장 좋은 예는 'google'이다. 구글은 검색 엔진이다 /

excellent example is "google." **11** Google is a search engine / used by

수백만 명의 사람들에 의해 사용되는 / 전 세계에서. 그러나 이제 그 단어는 /

millions of people / around the world. **12** But now the word / not

웹 사이트를 나타낼 뿐 아니라 / 검색 엔진을 사용하는 활동도 (나타낸다)

only represents the website / but also the activity of using a search

/ 정보를 찾기 위해 / 월드 와이드 웹에서.

engine / to look up information / on the World Wide Web. **13** In

to+동사원형 〈~하기 위해〉
다시 말해 고유명사가 일반동사가 되었다.

other words, / a proper noun became a common verb.

해석 한눈에 보기

1 당신은 다른 두 방법으로 신조어를 만들 수 있다. **2** 첫 번째는 우리가 기존 단어들을 가져와서 새로운 개념을 만들기 위해 그것들을 합칠 때이다. **3** 예를 들어, 'situation'과 'comedy'는 새로운 말인 'sitcom'을 만들기 위해 결합되었다. **4** 시트콤은 인물에 대한 재미있는 텔레비전 드라마 시리즈이다. **5** 시트콤의 에피소드는 보통 우리의 일상생활에서 일어날 수 있는 사건에 대한 것이다. **6** 마찬가지로, 'brunch'는 'breakfast'와 'lunch'의 혼합이다. **7** 알다시피 브런치는 아침과 점심 사이에 제공되는 식사이다. **8** 사람들은 보통 그것을 늦은 오전에 즐긴다.
9 신조어는 또한 기존 단어를 위한 새로운 의미가 될 수 있다. **10** 가장 좋은 예는 'google'이다. **11** 구글은 전 세계의 수백만 명의 사람들에 의해 사용되는 검색 엔진이다. **12** 그러나 지금 그 단어는 웹 사이트를 나타낼 뿐 아니라 월드 와이드 웹에서 정보를 찾기 위해 검색 엔진을 사용하는 활동도 나타낸다. **13** 다시 말해 고유명사가 일반동사가 되었다.

필수 구문 확인하기

5 Episodes on sitcoms are usually about *events* [**that** can happen in our daily lives].

▶ 주격 관계대명사 that이 이끄는 절(that ~ lives)이 선행사인 events를 꾸며주고 있다.

6 As you know, brunch is *the meal* [**served** between breakfast and lunch].

▶ 과거분사구(served ~ lunch)가 보어인 the meal을 뒤에서 수식해 준다.

03 [사회 | 글로벌 경제와 지역 변화] 스타벅스 지수   본문 p.74~77

교육부 지정 중학 필수 어휘
1 afford **2** various **3** price **4** value **5** identify **6** present **7** understanding **8** goods

START READING!

1 ② **2** (1) T (2) F (3) T

KEEP READING!

1 ② **2** (1) F (2) T (3) T **3** ③ **4** presents **5** various

KEEP READING! 해설

1 지문에 가장 적절한 제목을 고르는 문제이다. 스타벅스 라테 한 잔이 다른 나라에서 얼마에 판매되는지를 비교해 각 국가의 물가 수준과 통화 가치를 더 잘 알 수 있다는 내용의 글이므로 정답은 ②이다.
　① 스타벅스에서 무료 음료를 받는 방법
　② 스타벅스 지수가 우리에게 무엇을 말해주는가
　③ 스타벅스에서 가장 인기 있는 음료

④ 스타벅스 지수의 단점

⑤ 스타벅스 라테 같은 맛이 나는 라테를 만드는 방법

2 한국 스타벅스 라테와 캐나다 스타벅스 라테의 유일한 차이점은 가격이라고 했으므로 (1)은 F이다.

3 빈칸 앞부분에 스위스의 취리히에서는 가장 높은 가격인 6.96달러에 톨 사이즈 라테를 판다는 내용이 나오고 빈칸 뒤로 브라질의 리우데자네이루는 가장 낮은 가격인 1.49달러에 음료를 제공한다는 내용이 있으므로 정답은 ③이다.
　① 맨 처음에　　② 마침내　　③ 반면에　　④ 우선　　⑤ 그래서

4 (1) 나는 오늘 생일 (A) 선물을 몇 개나 받았는지 모르겠다.
　(2) 그 예술가는 환경을 보호하는 것에 관한 메시지를 자신의 그림을 통해 (B) 보여 준다.
　첫 번째 문장의 (A)에는 '선물'이라는 말이 들어가고, 두 번째 문장의 (B)에는 '보여 주다'라는 말이 들어가야 적절하므로 정답은 present(현재의; (사람이 특정 장소에) 있는; 선물; 현재; 주다; 제시[제출]하다; 보여 주다)이다.

5 '여러 가지 다른 것이나 종류'라는 뜻이므로 정답은 various(여러 가지의, 다양한)이다.

끊어서 읽기

예를 들어 ~하자 // 　　당신이 톨 사이즈의 라테 한 잔을 주문한다 / 한국의 서울에 있는 스타벅스에서.
¹ Let's say // you order a tall size cup of latte / from Starbucks in

그리고 나서 만약 당신이 그것을 라테와 비교한다면 /
Seoul, South Korea. ² Then, if you compare it to one / from Starbucks

캐나다의 토론토에 있는 스타벅스의 // 　　당신은 둘 사이의 차이점을 발견하지 못할 것이다.
in Toronto, Canada, // you will find no difference between them.

유일한 차이점은 / 　　당신이 찾을 수 있는 / 　　둘의 가격이다.
³ The only difference / you can identify / is the prices of the two.

스타벅스는 당신에게 제공할 것이다 / 　　같은 커피 한 잔을 //
⁴ Starbucks will afford you / with the same cup of coffee // no

당신이 어디에서 음료를 받든지 / 　　그러나 다른 가격으로.
matter where you get your drink, / but at different prices. ⁵ This

이것은 의미한다 // 　　우리가 가격을 비교할 수 있다는 것을 / 　　같은 제품에 대해 /
means // that we can compare the prices / for the same goods /
　　　　　　(~인 것을)

전 세계의. 　　　　스타벅스 지수는 보여 준다 / 　　가격에서의 이런 차이를
around the world. ⁶ The Starbucks Index presents / these differences

/ 　같은 톨 사이즈의 라테에 대한 / 　　전 세계의.
in price / for the same tall latte / around the world. ⁷ Look at the

아래의 그림을 보아라. 　　당신이 볼 수 있듯이 // 　　스위스의 취리히는 톨 사이즈의 라테를 판다
picture below. ⁸ As you can see, // Zurich, Switzerland, sells a tall

/ 　　가장 높은 가격인 6.96달러에. 　　반면에 /
latte / at the highest price, $6.96. ⁹ On the other hand, / Rio De

브라질의 리우데자네이루는 음료를 제공한다 / 　　가장 낮은 가격인 1.49달러에. 　　이것은 의미한다
Janeiro, Brazil, offers the drink / at the lowest price, $1.49. ¹⁰ This

means // 　리우데자네이루에서는 / 　　당신은 1달러로 더 많이 얻을 수 있다
means // that, in Rio De Janeiro, / you can get more with one
　　(~인 것을)

// 　당신이 취리히에서 얻는 것보다. 　　이것은 당신에게 더 좋은 이해를 준다
dollar // than you can in Zurich. ¹¹ This gives you a better

어휘 확인하기

compare A to[with] B A와 B를 비교하다

identify (신원 등을) 확인하다[알아보다]; 찾다, 발견하다

price 값, 가격; ~에 값을 매기다

afford (~을 살) 여유[형편]가 되다; (부정문·의문문에서) ~을 할 수 있다; 주다, 제공하다

coffee 커피

no matter where 어디서 ~하더라도

goods 상품, 제품; 재산[소유물]

index 지수, 지표

present 현재의; (사람이 특정 장소에) 있는; 선물; 현재; 주다; 제시[제출]하다; 보여 주다

offer 제공하다

understanding 이해; 합의

currency 통화

value 가치, 값어치; 값을 평가하다; 소중히 여기다

various 여러 가지의, 다양한

understanding / of price differences and currency values / among

가격의 차이와 통화 가치에 대해

여러 나라들 간의.
various countries.

해석 한눈에 보기

¹ 예를 들어 당신이 한국의 서울에 있는 스타벅스에서 톨 사이즈의 라테 한 잔을 주문한다고 해보자. ² 그리고 나서 만약 당신이 그것을 캐나다의 토론토에 있는 스타벅스의 라테와 비교한다면, 당신은 둘 사이에서 다른 점을 발견하지 못할 것이다. ³ 당신이 발견할 수 있는 유일한 다른 점은 둘의 가격이다. ⁴ 당신이 어디에서 음료를 받든 스타벅스는 가격은 다르지만 같은 커피 한 잔을 제공할 것이다. ⁵ 이것은 우리가 전 세계의 같은 제품에 대해 가격을 비교할 수 있다는 것을 의미한다. ⁶ 스타벅스 지수는 전 세계의 같은 톨 사이즈의 라테에 대해 이런 가격의 차이를 보여 준다. ⁷ 아래의 그림을 봐라. ⁸ 당신이 볼 수 있듯이, 스위스의 취리히는 6.96달러라는 가장 높은 가격에 톨 사이즈 라테를 판다. ⁹ 반면에 브라질의 리우데자네이루는 1.49달러라는 가장 낮은 가격으로 음료를 제공한다. ¹⁰ 이것은 리우데자네이루에서는 당신이 취리히에서 얻을 수 있는 것보다 1달러로 더 많은 것을 얻을 수 있다는 것을 의미한다. ¹¹ 이것은 당신이 여러 나라 간의 가격 차이와 통화 가치에 대해 더 잘 이해할 수 있게 해준다.

필수 구문 확인하기

¹ **Let's say** you order a tall size cup of latte from Starbucks in Seoul, South Korea.

▶ let's say ~는 '예를 들어[이를테면, 가령] ~라고 해보자'라는 의미이다.

³ *The only difference* [you can identify] is the prices of the two.

▶ you can identify는 목적격 관계대명사절로, 앞의 The only difference를 꾸며준다. difference와 you 사이에 목적격 관계대명사 that이 생략되어 있다.

⁴ Starbucks will afford you with the same cup of coffee **no matter where** you get your drink, but at different prices.

▶ 「no matter where ~」는 '어디서 ~하더라도'의 의미이다.

⁵ This means **that** we can compare the prices for the same goods around the world.

▶ that 이하는 means의 목적어이다. that은 명사절을 이끄는 접속사이다.

---

04 [역사 | 근대 국가 수립 운동과 국권 수호 운동] 광혜원 의사 앨런

교육부 지정 중학 필수 어휘
1 patient 2 suggested 3 provided 4 link 5 treated 6 medical

START READING!
1 ③ 2 (1) F (2) T (3) T

KEEP READING!
1 ② 2 ② 3 ④ 4 treated 5 medical

KEEP READING! 해설

1 지문에 가장 적절한 제목을 고르는 문제이다. 조선에 온 첫 번째 서양인 의사 호러스 앨런의 삶에 대한 글이므로 정답은 ②이다.
　① 호러스 앨런은 왜 조선에 왔는가?
　② 조선에서의 호러스 앨런의 삶
　③ 세계에서 가장 위대한 의사는 누구인가?
　④ 앨런과 고종의 관계
　⑤ 조선의 첫 번째 의과 대학

2 지문의 내용과 일치하지 않는 것을 고르는 문제이다. 앨런이 중국에 머무는 동안 그의 의사 친구 중 한 명이 그에게 조선에 갈 것을 제안했다(During his stay ~ going to Korea.)고 했지만, 같이 갈 것을 제안했다는 언급은 없으므로 정답은 ②이다.

3 앨런으로 하여금 한국의 첫 번째 현대적인 병원인 광혜원을 설립하게 한 사람은 고종이므로 @는 고종을 가리키며, 나머지는 호러스 앨런을 가리킨다. 따라서 정답은 ④이다.

4 (1) 내가 아팠을 때, 언니는 나를 아기처럼 (A) 대했다.
(2) 그 의사는 경기가 끝난 후에 그 선수의 상처를 (B) 치료했다.
첫 번째 문장의 (A)는 '대하다'라는 말이 들어가고, 두 번째 문장의 (B)는 '치료하다'라는 말이 들어가야 적절하므로 정답은 treated(대하다, 대우하다; 대접하다; 치료하다, 처치하다)이다.

5 '질병 그리고 그것들의 치료와 관련된 것'이라는 뜻이므로 정답은 medical(의학의, 의료의)이다.

끊어서 읽기

호러스 앨런은 의과 대학을 졸업하자마자 / 그리고
¹ As soon as Horace Allen graduated from medical school / and

1883년에 의사가 되었다 // 그는 중국으로 갔다 / 선교사로 일하기 위해.
became a doctor in 1883, // he went to China / to work as a
　　　　　　　　　　　　　　　　　　　　　　to+동사원형 〈~하기 위해〉

그가 중국에서 머무는 동안 그의 의사 친구 중 한 명이 /
missionary. ² During his stay in China, / one of his doctor friends /

한국으로 갈 것을 제안했다. 서양의 의사가 없었다
suggested going to Korea. ³ There were no western medical doctors
　-ing 〈~하는 것을〉

/ 조선 왕조에는 / 그 당시에. 그래서 그는 제안을 받아들였다 /
/ in the Joseon Dynasty / at that time. ⁴ So, he accepted the offer /

그리고 한국에 왔다. 처음에 그는 ~을 위해 일했다 미국 정부의 사무실.
and came to Korea. ⁵ At first, he worked for / a U.S. government

그런데 / 1884년에 갑신정변이 일어났을 때
office. ⁶ However, / when Gapsinjeongbyeon happened in

// 앨런은 조선에서 중요한 사람이 되었다. 그는 민영익을 치료했다
1884, // Allen became an important person in Joseon. ⁷ He treated

// 그리고 그는 왕비의 가족 중 한 명이었다.
Min Youngik, // who was a member of the queen's family. ⁸ This

이것은 그를 연결했다 / 조선의 왕조과.
linked him / to the royal family of Joseon. ⁹ King Gojong

고종은 그에게 제공했다 / 살 집을. 그는 또한 그가 설립하게 했다
provided him / with a house to live in. ¹⁰ He also let him found /
　　　　　　　　　　　　　　　　　to+동사원형 〈~할〉

한국에 첫 번째 현대적인 병원인 광혜원을. 그것은 곧
the first modern hospital in Korea, Gwanghyewon. ¹¹ It was soon

고종에 의해 다시 이름이 지어졌다 / 제중원으로. 거기에서 앨런은 의사와 선생으로 일했다
renamed by Gojong / to Jejungwon. ¹² There, Allen worked as a

/ 동시에. 그는 많은 한국인 환자들을 치료했다
doctor and a teacher / at the same time. ¹³ He treated many

왕족뿐 아니라 / 그리고 학생들에게 의학을 가르쳤다.
Korean patients / as well as the royal family / and taught medical

science to students.

어휘 확인하기

graduate 졸업하다
medical 의학의, 의료의
suggest 제안하다, 제의하다; 추천하다
western 서양의
dynasty 왕조
accept 받아들이다, 수락하다
offer 제안, 제의
government 정부, 정권
office 사무실
treat 대하다, 대우하다; 대접하다; 치료하다, 처치하다
link (사슬의) 고리; 연결, 유대; 연결하다, 연결시키다
royal 국왕의, 왕실의
provide 제공하다, 주다
provide A with B A에게 B를 주다
found 설립하다
modern 현대의, 근대의
rename 이름을 다시 짓다
at the same time 동시에
patient 환자; 참을성 있는, 인내심 있는
A as well as B B뿐만 아니라 A도

[선택지 어휘]
wound 상처
treatment 치료

해석 한눈에 보기

¹ 호러스 앨런은 의과 대학을 졸업하고 1883년에 의사가 되자마자, 선교사로 일하기 위해 중국으로 갔다. ² 그가 중국에서 머무는 동안, 그의 의사 친구 중 한 명이 한국으로 갈 것을 제안했다. ³ 그 당시에 조선 왕조에는 서양 의사가 없었다. ⁴ 그래서 그는 그 제안을 받아들여 한국으로 갔다. ⁵ 처음에 그는 미국 정부의 사무실에서 일했다. ⁶ 그런데 1884년에 갑신정변이 일어났을 때, 앨런은 조선에서 중요한 사람이 되었다. ⁷ 그는 민영익을 치료했고, 그는 여왕의 가족 중 한 명이었다. ⁸ 이것은 그를 조선의 왕족과 연결해주었다. ⁹ 고종은 그에게 살 집을 제공했다. ¹⁰ 그는 또한 그가 한국에 첫 번째 현대적인 병원인 광혜원을 설립하게 했다. ¹¹ 그것은 곧 고종에 의해 제중원으로 다시 이름이 지어졌다. ¹² 거기에서 앨런은 의사인 동시에 선생으로 일했다. ¹³ 그는 왕족뿐 아니라 많은 한국인 환자들을 치료했고 학생들에게 의학을 가르쳤다.

필수 구문 확인하기

² During his stay in China, one of his doctor friends **suggested going** to Korea.

▶ suggest는 동명사를 목적어로 취한다.

⁷ He treated Min Youngik, **who** was a member of the queen's family.

▶ who는 계속적 용법의 관계대명사로, who 이하가 Min Youngik을 부연 설명하고 있다.

⁹ King Gojong **provided** him **with** *a house* [**to live in**].

▶ 「provide A with B」는 'A에게 B를 제공하다'라는 뜻이다.

▶ to live in은 a house를 수식하는 형용사적 용법의 to부정사로 '~할'로 해석한다.

¹⁰ He also **let him found** the first modern hospital in Korea, Gwanghyewon.

▶ 「let+목적어+동사원형」은 '~가 …하게 하다'의 의미이다.

Chapter **11**

01 [역사 | 신항로 개척과 대서양 무역의 확대] 초콜릿 음료

본문 p.84~87

교육부 지정 중학 필수 어휘

1 precious **2** bitter **3** amount **4** journey **5** recipe **6** gathered

START READING!

1 ② **2** (1) T (2) F (3) T

KEEP READING!

1 ② **2** ③ **3** ⑤ **4** 스페인 공주와 프랑스의 루이 13세의 결혼 **5** gathered

---

KEEP READING! 해설

1 지문에 가장 적절한 주제를 고르는 문제이다. 에르난 코르테스가 아스테카 왕국에서 초콜릿 음료를 마신 후, 그것이 어떻게 유럽에 소개되고 퍼지게 되었는지에 대한 내용이 나오므로 정답은 ②이다.
① 유럽인들이 가장 좋아하는 초콜릿의 종류들
② 초콜릿 음료가 어떻게 유럽에 소개되고 퍼지게 되었는가
③ 유럽인들이 어떻게 초콜릿 바를 만들었는가
④ 스페인 초콜릿과 프랑스 초콜릿의 차이점
⑤ 초콜릿 음료의 조리법

2 처음에 그들은 그것을 차갑게 마셨다(At first, they drank it cold.)는 내용이 나오고, 곧 그들은 그것을 뜨겁게 마시기 시작했다(Soon, they started to drink it hot.)고 했으므로 ③은 글의 내용과 일치하지 않는다.

3 ⓔ는 카카오 콩(cacao beans)을 가리키고 나머지는 스페인 사람들(people in Spain)을 가리키므로 정답은 ⑤이다.

4 무엇이 프랑스에 카카오 콩의 전파를 초래했는지 묻는 문제이다. 1615년, 스페인 공주가 프랑스의 루이 13세와 결혼하면서 파리로 카카오 콩을 가져왔다(In 1615, the Spanish ~ France. She brought cacao beans to Paris.)고 했으므로 정답은 '스페인 공주와 프랑스의 루이 13세의 결혼'이다.

5 (1) 그 과학자들은 새로운 식물에 관련된 정보를 (A) 모았다. 그들은 새로운 약을 만들 수 있다고 믿는다.
(2) 우리 삼촌과 나는 지난 8월에 모든 농작물을 (B) 수확했다. 올해 수확은 성공적이었다.
첫 번째 문장의 (A)는 '모으다'라는 말이 들어가고 두 번째 문장의 (B)는 '수확하다'라는 말이 들어가야 적절하므로 정답은 gathered(모으다, 수집하다; 따다, 수확하다)이다.

끊어서 읽기

에르난 코르테스는 약간의 카카오 콩을 가져왔다 / 스페인으로 1528년에.
1 Hernán Cortés took some cacao beans / to Spain in 1528. **2** Along

카카오 콩과 함께 / 그는 또한 다른 중요한 것을 가져왔다 /
with the beans, / he also took another important thing, / the

초콜릿 음료 조리법. 그 후 스페인의 사람들은 알아냈다 /
chocolate drink recipe. **3** Then people in Spain discovered / a way to

음료를 더 맛있게 만드는 방법. 그들은 소량의 설탕을 첨가했다!
make the drink better. **4** They added a small amount of sugar! **5** The
to+동사원형 〈~하는〉

음료 안의 설탕 / 그것을 훨씬 더 맛있게 했다. 처음에 / 그들은
sugar in the drink / made it taste a lot better. **6** At first, / they

어휘 확인하기

along with ~와 함께

recipe 요리법, 조리법

discover 알아내다

amount 총액, 액수; (무엇의) 양

taste (~의) 맛이 나다

bitter 격렬한, 매서운; 맛이 쓴

not ~ any longer 더 이상 ~않는

popular 인기 있는, 대중적인

continue 계속하다, 이어지다

experiment 실험하다

그것을 차갑게 마셨다.　　　　곧 그들은 그것을 뜨겁게 마시기 시작했다.

drank it cold. **7** Soon, they started to drink it hot. **8** The new

to+동사원형 〈~하는 것을〉

새로운 초콜릿 음료는 맛이 쓰지 않았다　　/　　더 이상.　　　그것은 더 달았다　　/

chocolate drink was not bitter / any longer. **9** It was sweeter / and

그리고 매우 인기 있게 되었다　　/　　스페인 전역에서.　　　그들은 실험을 계속했다

became very popular / all over Spain. **10** They continued to

　　　　　　　　/　　더 맛 좋은 초콜릿 음료를 개발하기 위해.

experiment / to develop better tasting chocolate drinks.

약 100년 동안　　　/　　스페인은 어떤 다른 나라에도 말하지 않았다　　　/

11 For about 100 years, / Spain did not tell any other countries /

자신들의 소중한 음료에 대해.　　　그것은 그들의 비밀이었다.　　어느 누구도 알지 못했다

about their precious drink. **12** It was their secret. **13** Nobody else

/　　카카오 콩에 대해.　　　스페인 사람들만 카카오 콩을 키우고 수확했다

knew / about cacao beans. **14** Only the Spanish grew and gathered

카카오 콩　/　중앙아메리카에서　/　그리고 때때로 그것을 팔았다　/

cacao beans / in Central America / and sometimes sold them / to

유럽의 다른 나라에.　　1606년에　/　스페인으로 여행을 떠난

other countries in Europe. **15** In 1606, / an Italian who took a

한 이탈리아 사람이 초콜릿을 좀 가져왔다　　/ 이탈리아로.　　거기서부터

journey to Spain brought some chocolate / to Italy. **16** From there to

오스트리아와 네덜란드까지　/　점점 더 많은 사람들이 알게 되었다　　/

Austria and the Netherlands, / more and more people learned /

이 초콜릿 음료에 대해.　　1615년에　/　스페인 공주가 프랑스의 루이 13세와 결혼했다.

about this chocolate drink. **17** In 1615, / the Spanish princess married

그녀는 카카오 콩을 가져왔다　/

King Louis the Thirteenth of France. **18** She brought cacao beans /

파리로.　　그 후　/　프랑스의 사람들은　/　초콜릿을 역시 즐기기 시작했다.

to Paris. **19** After that, / people in France / started to enjoy chocolate, too.

to+동사원형 〈~하는 것을〉

---

develop 발달하다, 개발하다

precious 소중한, 귀중한; (금전적 가치를 지닌) 값비싼, 귀한

secret 비밀

gather 모으다, 수집하다; 따다, 수확하다

Central America 중앙아메리카

journey 여행, 여정; 여행하다

Austria 오스트리아

Netherlands 네덜란드

[선택지 어휘]

crop 농작물

harvest 수확

해석 한눈에 보기

1 에르난 코르테스는 약간의 카카오 콩을 1528년에 스페인으로 가져왔다. **2** 카카오 콩과 함께 그는 다른 중요한 것인 초콜릿 음료 조리법도 가져왔다. **3** 그 후 스페인의 사람들은 그 음료를 더 맛있게 만드는 방법을 알아냈다. **4** 그들은 소량의 설탕을 추가했다! **5** 음료 안의 설탕은 그것을 훨씬 더 맛있게 했다. **6** 처음에 그들은 그것을 차갑게 마셨다. **7** 곧 그들은 그것을 뜨겁게 마시기 시작했다. **8** 새로운 초콜릿 음료는 더 이상 맛이 쓰지 않았다. **9** 그것은 더 달았고 스페인 전역에서 매우 인기 있게 되었다. **10** 그들은 더 맛 좋은 초콜릿 음료를 개발하기 위해서 실험을 계속했다.
11 약 100년 동안 스페인은 다른 어떤 나라에도 자신들의 소중한 음료에 대해 말하지 않았다. **12** 그것은 그들의 비밀이었다. **13** 어느 누구도 카카오 콩에 대해 알지 못했다. **14** 오직 스페인 사람들만 중앙아메리카에서 카카오 콩을 키우고 수확했고 때때로 유럽의 다른 나라에 그것을 팔았다. **15** 1606년에, 스페인으로 여행을 떠났던 한 이탈리아 사람이 이탈리아로 초콜릿을 좀 가져왔다. **16** 그곳에서부터 오스트리아와 네덜란드까지, 점점 더 많은 사람들이 이 초콜릿 음료에 대해 알게 됐다. **17** 1615년에 스페인 공주가 프랑스의 루이 13세와 결혼했다. **18** 그녀는 카카오 콩을 파리로 가져왔다. **19** 그 후 프랑스 사람들도 초콜릿을 즐기기 시작했다.

필수 구문 확인하기

3 Then people in Spain discovered *a way* [**to make** the drink better].

▶ to make는 형용사적 용법의 to부정사로, to make 이하가 a way를 수식한다.

⁵ The sugar in the drink **made** it **taste a lot** *better*.

    V   O   C

▶ 「make+목적어+동사원형」은 '~가 …하게 하다'의 의미이다. a lot은 '훨씬'이라는 뜻의 비교급을 강조하는 부사로, much, still, far 등으로 바꿔 쓸 수 있다.

¹⁵In 1606, *an Italian* [**who** took a journey to Spain] brought some chocolate to Italy.

               S   V

▶ who는 주격 관계대명사로, 관계절 who took a journey to Spain이 앞의 명사 an Italian을 꾸며준다.

---

02 [국어 | 세상의 안과 밖] 아이 머리를 쓰다듬으면 안 되는 나라

본문 p.88~91

교육부 지정 중학 필수 어휘

1 confidence 2 insulted 3 hugged 4 gender 5 consider 6 behavior 7 acceptable 8 cheeks

START READING!

1 ③ 2 differently by other cultures

KEEP READING!

1 ④ 2 ⑤ 3 (b) 4 confidence 5 ②

KEEP READING! 해설

1 지문에서 베트남에서는 아이를 칭찬하는 것이 기피되어야 한다(~, this should be avoided in Vietnamese cultures.)고는 했지만 범죄라고는 언급하지 않았으므로 정답은 ④이다.

2 빈칸 앞부분에서 우리 문화에서는 아이를 칭찬하는 것은 괜찮으며 서양 문화에서도 용인될 수 있다(In our culture, it is okay ~ also acceptable in Western cultures.)는 내용이 나오고, 빈칸 뒤로 베트남에서는 기피되어야 한다는 내용이 있으므로 정답은 ⑤이다.
① 예를 들어 ② 그렇지 않으면 ③ 그러므로 ④ 게다가 ⑤ 그러나

3 본문의 consider는 '~로 여기다[생각하다]라는 뜻이다. 따라서 정답은 (b)이다.
(a) 우리는 해결책을 찾기 위해서 그 문제를 매우 세심하게 숙고했다.
(b) 그들은 자신들의 개를 가족 구성원으로 여겼다.

4 (1) 나는 그녀에게 (A) 믿음이 있다. 그녀는 시험을 잘 볼 것이다.
(2) 그의 노력은 발표를 할 때 그에게 (B) 자신감을 주었다.
첫 번째 문장의 (A)는 '믿음'이라는 말이, 두 번째 문장의 (B)는 '자신감'이라는 말이 들어가야 적절하므로 정답은 confidence(자신감; 신뢰, 믿음)이다.

5 빈칸 (A)와 (B)에 가장 적절한 단어를 고르는 문제이다. 같은 행동이더라도 다른 나라에서는 반대의 의미를 가질 수 있다는 내용이므로 정답은 ②이다.

다른 문화에서, 같은 행동이 완전히 (B) 반대의 의미를 가지는 것은 (A) 가능하다.

	(A)		(B)
①	자연스러운	……	같은
②	가능한	……	반대의
③	중요한	……	비슷한
④	필수적인	……	같은
⑤	특별한	……	반대의

끊어서 읽기

서양 문화에서는 / 눈 맞춤은 자신감과 정직함을 보여 준다.
1 In Western cultures, / eye contact shows confidence and honesty.

사람들은 아이들을 가르친다 / 다른 사람들의 눈을 보라고 / 얘기할 때.
2 People teach their children / to look others in the eye / when

그것은 보여 준다 // 그들이 듣고 있다는 것을. 그러나 /
talking. **3** It shows // that they are listening. **4** However, / in countries
<u>(~인 것을)</u>

아시아나 중동에 있는 나라들에서는 / 같지 않다. 만약 당신이 상대방의 눈을 쳐다본다면
in Asia or the Middle East, / it is not the same. **5** If you look others

// 사람들은 생각할 수 있다 // 당신이 그들을 모욕한다고.
in the eye, // people might think // that you are insulting them.
<u>(~인 것을)</u>

우리 문화에서 / 어른이 아기를 칭찬하는 것은 괜찮다.
6 In our culture, / it is okay for adults to compliment babies. **7** It is
<u>to+동사원형 〈~하는 것은〉</u>

그것은 또한 용인된다 / 서양 문화에서. 하지만 이것은 기피되어야 한다
also acceptable / in Western cultures. **8** However, this should be avoided

/ 베트남 문화에서는. 그들은 생각한다 // 혼령이 아기를 훔칠 것이라고
/ in Vietnamese cultures. **9** They believe // that a spirit will steal the baby
<u>(~인 것을)</u>

// 만약 그녀가 그것을 들으면.
// if she hears it.

비슷하게 / 서양 문화에서는 / 사람들은 종종 서로에게 가볍게 키스한다
10 Likewise, / in Western cultures, / people often lightly kiss each other

/ 뺨에 / 또는 포옹한다 / 인사하는 한 방법으로. 그런데 /
/ on the cheek / or hug / as a way of saying hi. **11** However, / in

아시아나 중동의 나라들에서는 / 이런 종류의 접촉은 /
countries in Asia or the Middle East, / these types of touching /

다른 성별 사이에서 / 너무 지나친 것으로 여겨진다.
between different genders / are considered too much.

우리가 보아 온 것처럼 // 같은 종류의 행동은 / 한 문화에서 사용될 수 있다
12 As we have seen, // the same kind of behavior / can be used in

/ 그러나 다른 곳에서는 아니다. 때때로 같은 행동은 /
one culture / but not in another. **13** Sometimes, the same behavior /

완전히 다른 것을 의미할 수 있다 / 다른 문화에서.
can mean a totally different thing / in a different culture. **14** We

우리는 다른 문화를 인정해야 한다 / 그리고 차이를 배우기 위해 노력해야 한다.
should accept other cultures / and try to learn the differences.

해석 한눈에 보기

1 서양 문화에서 눈 맞춤은 자신감과 정직함을 보여 준다. **2** 사람들은 이야기할 때 다른 사람들의 눈을 보라고 아이들에게 가르친다. **3** 그것은 그들이 듣고 있다는 것을 보여 준다. **4** 그러나 아시아나 중동에 있는 나라에서는 다르다. **5** 만약 당신이 상대방의 눈을 쳐다본다면, 사람들은 당신이 그들을 모욕한다고 생각할 수도 있다.

6 우리 문화에서 어른들이 아기를 칭찬하는 것은 괜찮다. **7** 그것은 서양 문화에서도 용인된다. **8** 하지만 이것은 베트남 문화에서는 기피되어야 한다. **9** 그들은 혼령이 그것을 들으면 아기를 훔쳐 갈 거라고 생각한다.

10 비슷하게 서양 문화에서 사람들은 종종 인사의 한 방법으로 서로의 뺨에 가볍게 키스하거나 포옹한다. **11** 그런데 아시아나 중동의 나라에서는, 다른 성별 사이의 이런 종류의 접촉은 너무 지나친 것으로 여겨진다.

12 우리가 보아온 것처럼, 같은 종류의 행동은 한 문화에서는 사용될 수 있지만, 다른 문화에서는 아닐 수 있다. **13** 때때로 같은 행동은 다른 문화에서 완전히 다른 것을 의미할 수 있다. **14** 우리는 다른 문화를 인정해야 하고 차이를 배우기 위해 노력해야 한다.

² People teach their children to look others in the eye when talking.

▶ when talking은 '때'를 나타내는 분사구문으로, 의미를 명확히 하거나 강조하기 위해 접속사를 생략하지 않았다. when they talk로 바꿔 쓸 수 있다.

³ It shows that they are listening.

▶ that은 명사절을 이끄는 접속사로 that 이하는 동사 shows의 목적어이다.

⁶ In our culture, it is okay *for adults* to compliment babies.
　　　　　　　가주어　　　　　　　　　　　진주어

▶ it은 가주어이고 to compliment babies가 진주어이다. for adults는 to부정사의 의미상 주어이다.

---

03 [사회 | 자연으로 떠나는 여행] 적도와 가까운 도시 Quito

교육부 지정 중학 필수 어휘
1 commented　2 average　3 wondered　4 concrete　5 settled　6 dense　7 climate

START READING!
1 take a special trip　2 ②

KEEP READING!
1 ③　2 ③　3 (b)　4 산의 정상이 태양에 더 가깝기 때문에　5 concrete

KEEP READING! 해설

1 지문에 가장 적절한 제목을 고르는 문제이다. 적도에서 가깝기 때문에 더울 것이라고 예상했던 키토가 시원한 기후를 가진 이유에 대한 글이므로 정답은 ③이다.
① 키토와 한국의 차이점
② 브라질로 떠난 나의 여름 여행
③ 키토의 기후가 시원한 이유
④ 이번 여름에 내가 방문한 나라들
⑤ 에콰도르의 역사에 대해 내가 배운 것들

2 키토는 해발 2,850m 위치에 있기 때문에 여름과 겨울의 평균 기온은 둘 다 약 섭씨 12도(The average temperature ~ above the sea.)라고 했으므로 정답은 ③이다.

3 본문의 dense는 '밀도가 높은'이라는 뜻이다. 따라서 정답은 (b)이다.
(a) 안개가 매우 자욱했다. 나는 내 앞에 있는 것을 아무것도 볼 수 없었다.
(b) 이 작지만 빽빽한 마을은 훨씬 큰 도시와 가까이에 있다.

4 왜 '나'는 산의 정상이 더 더울 것으로 생각했는지 묻는 문제이다. 본문의 '나'는 아버지에게 산의 정상이 태양에 더 가까이 있기 때문에 더 덥지 않은지를 궁금해했다(Isn't it hotter ~ I wondered.)고 했으므로 정답은 '산의 정상이 태양에 더 가깝기 때문에'이다.

5 ⓐ는 '시멘트, 모래, 작은 돌, 물의 혼합물'을 의미하고, ⓑ는 '구체적이고 상세한'이라는 의미이므로 정답은 concrete(구체적인, 명확한; 콘크리트)이다.

끊어서 읽기

키토는 적도에서 단지 35킬로미터 떨어져 있다.　　　나는 생각했다　//
¹ Quito is only 35 kilometers from the equator. ² I thought // that the

그 도시가 열대의 기후를 가질 것이라고 /　그리고 매우 덥고 습할 거라고
city would have a tropical climate / and would be very hot and humid.

그래서 나는 반바지를 입기로 결정했다.　　아버지께서 나를 보셨을 때　//
³ So, I settled on wearing shorts. ⁴ When my father saw me, //

그는 아무 말 없이 그냥 웃으셨다.　　우리가 도착했을 때　//
he just smiled without commenting. ⁵ When we arrived, //

전혀 덥지 않았다.　　낮에는 섭씨 14도였다　/　그리고 밤에는 섭씨
it was not hot at all. ⁶ It was 14°C in the daytime / and dropped

4도로 떨어졌다.　　평균 기온은　/　여름과 겨울 둘 다
to 4°C at night. ⁷ The average temperature / in both summer and

/　약 섭씨 12도이다　//　왜냐하면 키토는 해발 2,850미터 위치에 있기 때문에.
winter / is about 12°C // because Quito is 2,850 meters above the

아버지는 말씀하셨다　//　어떤 도시가 높은 곳에 있을 때　//　그것은 더 시원한
sea. ⁸ My father said // that when a city is high, // it has cooler
　　　　　　　　　　　　　　(~인 것을)

온도를 갖는다고.
temperatures.

나는 명확한 이유가 이해되지 않았다.　　"산의 정상에서는 더 덥지 않나요
⁹ I didn't understand the concrete reason. ¹⁰ "Isn't it hotter on top

//　왜냐하면 태양에 더 가까이 있기 때문에?"　//　나는 궁금했다.
of a mountain // because you are closer to the sun?" // I wondered.

아버지는 웃으시며 이유를 설명해 주셨다.　　뜨거운 공기는 올라간다　//
¹¹ My father smiled and explained the reason. ¹² Hot air rises, //

그러나 기압은 내려간다　//　당신이 올라갈수록.　기압이 더 낮기 때문에
but air pressure goes down // as you go up. ¹³ Because there is less air

/　산의 정상에서는　//　공기는 밀도가 덜 높고 더 시원해진다.
pressure / on top of a mountain, // the air is less dense and gets cooler.

어휘 확인하기

equator 적도
tropical 열대 지방의, 열대의
climate 기후; 분위기, 풍조
humid 습한
settle 해결하다, 합의를 보다; 결정하다
settle on (생각 끝에) ~을 결정하다
shorts 반바지
comment 논평, 언급; 견해를 밝히다
daytime 낮 (시간)
average 평균의; 보통의, 평범한; 보통, 평균
temperature 기온, 온도
concrete 구체적인, 명확한; 콘크리트; 구체적 관념
reason 이유, 근거
wonder 궁금해하다, 알고 싶어 하다; 경이, 감탄
explain 설명하다
rise 오르다
dense 밀집한, 빽빽한, 밀도가 높은; (안개 등이) 자욱한, 짙은

[선택지 어휘]
mixture 혼합물
cement 시멘트
specific 구체적인
detailed 상세한

해석 한눈에 보기

¹ 키토는 적도에서 단지 35킬로미터 떨어져 있다. ² 나는 그 도시가 열대 기후를 가지고 있고 매우 덥고 습할 것이라고 생각했다. ³ 그래서 나는 반바지를 입기로 결정했다. ⁴ 아버지께서 나를 보셨을 때, 그는 아무 말 없이 그냥 웃으셨다. ⁵ 우리가 도착했을 때, 그곳은 전혀 덥지 않았다. ⁶ 낮에는 섭씨 14도였고 밤에는 섭씨 4도로 떨어졌다. ⁷ 키토는 해발 2,850미터 위치에 있기 때문에 여름과 겨울의 평균 기온은 둘 다 약 12도이다. ⁸ 아버지는 도시가 높은 곳에 있을 때, 더 시원한 기온을 갖는다고 말씀하셨다.
⁹ 나는 이유가 명확하게 이해되지 않았다. ¹⁰ "태양에 더 가까이 있으니까 산 정상에서는 더 덥지 않나요?" 나는 궁금했다. ¹¹ 아버지는 웃으시며 이유를 설명해 주셨다. ¹² 위로 올라갈수록 뜨거운 공기는 올라가지만 기압은 내려간다. ¹³ 산 정상은 기압이 더 낮기 때문에 공기는 밀도가 더 낮고, 더 시원해진다.

필수 구문 확인하기

¹² ~, but air pressure goes down **as** you go up.

▶ 여기서 as는 '비례'를 나타내는 접속사로 '~함에 따라, ~할수록'이라는 뜻이다.

교육부 지정 중학 필수 어휘

1 century **2** published **3** scholars **4** encouraged **5** obvious **6** Mass

> **START READING!**

1 ① **2** scholars

> **KEEP READING!**

1 ③ **2** ④ **3** (a) **4** encourage **5** (1) 인쇄 기술 (2) 책 (3) 안경

KEEP READING! 해설

1 지문에 가장 적절한 주제를 고르는 문제이다. 안경을 발명한 것으로 추측되는 사람과 시대의 변천에 따라 안경이 대중화 된 과정에 대해 설명하고 있으므로 정답은 ③이다.

2 초기의 안경은 보통 수도승이나 학자와 같은 소수의 사람들만이 썼다(And they were ~ monks and scholars.)고 했으므로 ④는 글의 내용과 일치하지 않는다.

3 본문의 mass는 '대량의, 대규모의'라는 뜻이다. 따라서 정답은 (a)이다.
(a) 어떤 과학자들은 지구에 동물들의 대규모 멸종이 있을 거라고 말한다.
(b) 아이들이 눈사람을 만들기 위해 큰 눈 덩어리를 사용하고 있었다.

4 '누군가에게 무엇을 하라고 설득하거나 권하는 것'이라는 뜻이므로 정답은 encourage(격려하다, 장려하다, 촉진하다)이다.

5 16세기에 더 많은 사람들이 안경을 쓰기 시작했는데, 이것은 요하네스 구텐베르크의 인쇄 기술 때문이라는 내용이 나오므로 (1)에는 '인쇄 기술'이 적절하며, 이것은 사람들 사이에서 책을 인기 있게 만들었다고 했으므로 (2)에는 '책'이 적절하다. 또한, 이것이 점점 더 많은 안경에 대한 필요를 만들었다고 했으므로 (3)에는 '안경'이 알맞다.

끊어서 읽기

알고 있는가 // 누가 안경을 발명했는지? 사실 아무도 알지 못한다.
¹ Do you know // who invented eyeglasses? ² Actually, nobody

명확한 기록은 없다 / 안경의 발명에 대한.
knows. ³ There is no obvious record / of the invention of eyeglasses.

그런데 많은 사람들은 말한다 // 그것들은 이탈리아에서 처음 만들어졌다고 /
⁴ However, many people say // that they were first made in Italy / in
(~인 것을)

13세기에. 플로렌스의 한 무덤에 쓰여 있다 // '여기 살비노 잠들다 /
the 13th century. ⁵ A tomb in Florence says // "Here lies Salvino, /

플로렌스의 아르마토 데글리 아르마티의 아들인 / 안경의 발명가.'
son of Armato degli Armati of Florence, / inventor of eyeglasses."

더 많은 증거가 있다 / 역시. 로이디 다 오글리 / 안경을 나타내는 말인
⁶ There is more evidence / as well. ⁷ *Roidi da Ogli,* / the word for

/ 책에 등장했다 / 이탈리아의 베니스에서 출판된
eyeglasses, / appeared in a book / that was published in Venice,

/ 1300년경에.
Italy, / around 1300.

가장 초기의 안경은 걸렸다 / 눈앞에 /
⁸ The earliest eyeglasses were held / in front of the eyes / or placed

어휘 확인하기

invent 발명하다
actually 실제로, 사실은
obvious 분명한, 명백한
record 기록
invention 발명
century 세기, 100년
tomb 무덤
inventor 발명가
evidence 증거
as well ~뿐만 아니라, ~도
appear 등장하다, 나타나다
publish 출판하다, 발행하다
place 놓다, 두다
scholar 학자
among ~사이에
printing 인쇄
technology 기술
in turn 결국, 결과적으로
encourage 격려하다, ~의 용기를 복돋우다; 장려하다, 촉진하다,

또는 코 위에 놓였다.   그리고 그것들은 보통 소수의 사람들만이 썼다   /
on the nose. ⁹ And they were usually only worn by a few people, /

수도승이나 학자와 같은.   그런데 16세기에   /
such as monks and scholars. ¹⁰ However, in the 16th century, / more

더 많은 사람들이 안경을 쓰기 시작했다.   이것은 ~ 때문이다   //
people started to wear eyeglasses. ¹¹ This is because // books became
            to+동사원형 (~하는 것을)
책이 사람들 사이에서 인기 있게 되었기 /   요하네스 구텐베르크의 인쇄 기술 때문에.
popular among people / because of Johannes Gutenberg's printing

이것은 만들었다   /   점점 더 많은 안경에 대한 필요를.
technology. ¹² This created / more and more need for eyeglasses.

그리고 이것은 결과적으로   /   새로운 디자인을 촉진했다   /   그리고 안경의 대량 생산을.
¹³ And this, in turn, / encouraged new designs / and mass production

of eyeglasses.

조장하다

mass 덩어리; 다량, 다수;
대량의, 대규모의; 대중적인

production 생산

[선택지 어휘]

extinction 멸종

persuade 설득하다

recommend 권하다

해석 한눈에 보기

¹ 누가 안경을 발명했는지 아는가? ² 사실 아무도 알지 못한다. ³ 안경의 발명에 대한 명확한 기록은 없다. ⁴ 그런데 많은 사람들이 그것이 13세기에 이탈리아에서 처음 만들어졌다고 말한다. ⁵ 플로렌스에 있는 한 무덤에는 '여기 살비노, 플로렌스의 아르마토 데글리 아르마티의 아들인 안경 발명가가 잠들다'라고 쓰여 있다. ⁶ 더 많은 증거도 있다. ⁷ 안경을 나타내는 말인 로이디 다 오글리가 1300년경에 이탈리아의 베니스에서 출판된 책에 등장했다. ⁸ 가장 초기의 안경은 눈앞에 걸려 있거나 코 위에 놓여 있었다. ⁹ 그리고 그것은 보통 수도승과 학자 같은 소수의 사람들만이 썼다. ¹⁰ 그런데 16세기에 더 많은 사람들이 안경을 쓰기 시작했다. ¹¹ 이것은 요하네스 구텐베르크의 인쇄 기술 때문에 책이 사람들 사이에서 인기가 있게 되었기 때문이다. ¹² 이것은 안경에 대한 점점 더 많은 필요를 만들었다. ¹³ 그리고 이것은 결과적으로 안경의 새로운 디자인과 대량 생산을 촉진했다.

필수 구문 확인하기

¹ Do you know **who invented eyeglasses?**

▶ who invented eyeglasses는 문장의 목적어 역할을 하는 명사절로, 「의문사+주어+동사」 어순의 간접의문문이다. 여기서는 의문사가 주어이므로 「의문사(주어)+동사」의 어순으로 쓰였다.

⁴ However, many people say **that** they were first made in Italy in the 13th century.

▶ that은 명사절을 이끄는 접속사로 that 이하는 동사 say의 목적어이다.

⁷ *Roidi da Ogli*, the word for eyeglasses, appeared in *a book* [**that** was published in Venice, Italy, around 1300].

▶ that이 이끄는 관계대명사절이 a book을 꾸며준다.

¹¹ **This is because** books became popular among people ~.

▶ 「This is because ~」는 '이것은 ~이기 때문이다'라는 뜻이다.

Chapter 12

01 [사회 | 개인과 사회생활] 유리천장
본문 p.102~105

교육부 지정 중학 필수 어휘
1 Competition 2 races 3 responsibility 4 environment 5 widely 6 educational 7 ceiling

START READING!
1 환경 2 (1) F (2) T (3) T

KEEP READING!
1 ④ 2 ④ 3 ③ 4 competition 5 race

KEEP READING! 해설

1 지문에 가장 적절한 주제를 고르는 문제이다. 보이지 않지만 존재하는 사회 문제인 '유리천장'에 대한 글이므로 정답은 ④이다.
   ① 높은 유리천장을 가진 건물들
   ② 더 나은 근무 환경을 만들기 위한 방법들
   ③ 직장 내에서의 경쟁
   ④ 유리천장이라고 불리는 사회 문제
   ⑤ 더 높은 위치로 가는 비결

2 지문에서 남자들은 종종 여자들보다 남자들과 일하기가 더 쉽다고 생각한다(Men often think ~ with men rather than women.)고 했으므로 ④가 글의 내용과 일치하지 않는다.

3 빈칸을 포함한 문장에서는 회사의 높은 곳에 가까이 갈수록 더 많은 무언가를 본다는 내용이며 빈칸 뒤에서는 그 무언가는 남자들은 보통 더 높은 위치에 다른 남자들을 선택한다는 것을 의미한다(This means ~ for higher positions.)는 내용이 나온다. 따라서 빈칸에는 남자들만 들어갈 수 있는 단체 또는 무리를 의미하는 것으로 정답은 ③이다.
   ① 사교 클럽 ② 유리 회사들 ③ 남자들의 클럽 ④ 클럽 사람들 ⑤ 비즈니스 클럽

4 (1) 나는 노래 자랑 (A) 대회에서 1등 상을 받았다.
   (2) 일자리를 얻기[직장을 잡기] 위한 (B) 경쟁이 증가하고 있다.
   첫 번째 문장의 (A)에는 '대회'라는 말이, 두 번째 문장의 (B)에는 '경쟁'이라는 말이 들어가야 적절하므로 정답은 competition(경쟁; 대회, 시합)이다.

5 ⓐ는 '누가 가장 빠른지 결정하는 대회'를 의미하고 ⓑ는 '피부색이나 다른 특징들이 비슷한 사람들 무리'를 의미하므로 정답은 race(경주, 달리기 (시합); 인종, 종족)이다.

끊어서 읽기

¹ _{'유리천장'이라는 말은 벽을 묘사한다} The word "glass ceiling" describes a wall / _{우리가 눈으로 볼 수 없는} that we can't see with

_{/ 하지만 거기에 있다.} our eyes / but is there. ² _{이 말은 처음 사용되었다} This word was first used / _{/ 여성들에 대해 이야기하기 위해} to talk about
    _{to+동사원형 (~하기 위해)}

_{/ 일터에 있는.} women / in the workplace. ³ _{그 벽은 여성들이 올라가는 것을 막았다 /} The wall kept women from rising up /

_{회사에서 / 그들의 성별 때문에. 이제 그것은 또한 널리 사용된다} in companies / because of their gender. ⁴ Now, it is also widely used

어휘 확인하기

ceiling 천장
describe 설명하다, 묘사하다
workplace 일터, 직장
rise 오르다
gender 성, 성별
widely 널리, 폭넓게; 대단히, 크게
treat 대하다, 대우하다

/ 부당하게 대우받는 근로자들에게 / 그들의 인종, 교육 배경, 또는 나이 때문에.
/ for workers who are treated unfairly / because of their race,

천장은 '유리'이다 //
educational background, or age. 5 The ceiling is "glass" // because

모든 사람이 '하늘'을 볼 수 있기 때문에 / 유리를 통해 / 그러나 그것에 닿을 수 없다.
everyone can see "the sky" / through the glass / but can't reach it.

하늘은 의미한다 / '회사에서의 더 높은 위치'를.
6 The sky means / "the higher positions in companies."

당신이 가까이 갈수록 / 회사의 높은 곳에 // 당신은 더 많은 '남자들의 클럽'을 보게 될 것이다.
7 As you get closer / to the top of a company, // you will see more

이것은 의미한다 // 남자들은 보통 다른 남자들을 선택한다는 것을 /
"boys' clubs." 8 This means // men often choose other men / for
                                                    that

더 높은 위치. 남자들은 보통 생각한다 // 남자들과 일하는 것이 더 쉽다고 /
higher positions. 9 Men often think // it's easier to work with men / rather
                                              that

여자보다. 임금의 차이도 있다 / 남자와 여자 사이에.
than women. 10 There are also differences in pay / between men and

women.

이제, 더 많은 여자들이 사회에서 일하고 있다 / 그 전 어느 때보다.
11 Now, more women are working in society / than ever before. 12 Not

그것뿐 아니라 / 우리는 많은 사람들도 볼 수 있다 / 다른 나라에서 온 /
only that, / but we can also see many people / from other countries /

한국에서 일하는 / 역시. 그것은 우리의 의무이다 /
working in Korea, / too. 13 It is our responsibility / to make a

근무 환경을 만드는 것은 / 모든 사람에게 동등한 기회를 주는 /
working environment / that gives everyone equal chances / and fair

그리고 공정한 경쟁을.
competition.

unfairly 불공평하게
race 경주, 달리기 (시합); 인종, 종족
educational 교육의, 교육적인
background 배경
reach 닿다
position 위치
rather than ~보다는
society 사회
ever 이제까지, 지금까지
not only A but also B A뿐만 아니라 B도
responsibility 책임, 책무, 의무
environment (주변의) 환경; (자연) 환경
equal 동등한
fair 공정한, 공평한
competition 경쟁; 대회, 시합

[선택지 어휘]
social 사회의, 사회적인
feature 특징

해석 한눈에 보기

1 '유리천장'이라는 말은 우리가 눈으로 볼 수 없지만 거기에 있는 벽을 나타낸다. 2 이 말은 처음에 직장에서 일하는 여성들에 대해 말하기 위해 사용되었다. 3 그 벽은 자신의 성별 때문에 여성들이 회사에서 올라가는 것을 막았다. 4 이제 그것은 인종, 교육 배경, 또는 나이 때문에 부당하게 대우받는 근로자들을 위해서도 널리 사용된다. 5 천장은 모든 사람들이 유리를 통해 '하늘'을 볼 수 있지만 그것에 닿을 수 없기 때문에 '유리'이다. 6 하늘은 '회사에서 더 높은 위치'를 의미한다.
7 당신이 회사의 높은 곳에 가까이 갈수록 더 많은 '남자들의 클럽'을 보게 될 것이다. 8 이것은 남자들이 보통 더 높은 위치에 다른 남자들을 선택한다는 것을 의미한다. 9 남자들은 보통 여자들보다 남자들과 일하는 것이 더 쉽다고 생각한다. 10 남자와 여자 사이에는 임금의 차이도 있다.
11 이제 그 전 어느 때보다 더 많은 여성들이 사회에서 일하고 있다. 12 그것뿐 아니라 우리는 한국에서 일하는 다른 나라에서 온 많은 사람들도 볼 수 있다. 13 모든 사람에게 동등한 기회와 공정한 경쟁을 제공하는 근무 환경을 만드는 것은 우리의 의무이다.

필수 구문 확인하기

1 The word "glass ceiling" describes *a wall* [**that** we can't see with our eyes but is there].

  ▶ that ~ there는 앞의 a wall을 꾸며준다. that은 목적격 관계대명사이다.

3 The wall **kept women from rising** up in companies because of their gender.

  ▶ 「keep+목적어+from+-ing」는 '~가 …하는 것을 막다'의 의미이다.

4 Now, it is also widely used for *workers* [**who** are treated unfairly because of their race, educational background, or age].

> ▶ who는 주격 관계대명사로, who 이하는 앞의 workers를 꾸며준다.

12 Not only that, **but** we can also **see** *many people* [**from other countries**] **working** in Korea, too.
                                V   O   C

> ▶ 「not only A but also B」는 'A뿐만 아니라 B도'라는 의미이다.

> ▶ 「see+목적어+-ing」는 '~가 …하는 것을 보다'라는 뜻이다.

---

02 [국어 | 비교와 대조] 다 같은 초콜릿이 아니라고?

교육부 지정 중학 필수 어휘
1 contains **2** producer **3** flavors **4** plain **5** rich **6** proper **7** powder

START READING!
1 even sweeter than **2** 맛, 풍미

KEEP READING!
1 ⑤ **2** ① **3** ② **4** dark chocolate, milk chocolate **5** rich

---

KEEP READING! 해설

1 지문에 가장 적절한 주제를 고르는 문제이다. 초콜릿을 만들 때 사용하는 주원료인 코코아 파우더가 포함된 양에 따라서 초콜릿의 종류가 다르다는 내용이므로 정답은 ⑤이다.

2 다크 초콜릿은 주로 35% 이상의 코코아 파우더와 우유 없이 약간의 설탕으로 만들어진다(It's usually ~ but no milk.)고 했으므로 정답은 ①이다.
  ① 우유는 다크 초콜릿을 만들기 위해서 필요하다.
  ② 다크 초콜릿은 케이크나 아이스크림을 만드는 데 사용된다.
  ③ 밀크 초콜릿은 다크 초콜릿보다 색이 더 밝다.
  ④ 밀크 초콜릿은 다크 초콜릿보다 더 달콤하다.
  ⑤ 화이트 초콜릿을 만들기 위해서 코코아 파우더는 사용되지 않는다.

3 저렴한 밀크 초콜릿은 20%의 코코아 파우더를 포함한다는 앞 문장과 반대로 독일과 스위스의 비싼 밀크 초콜릿은 약 40%의 코코아 파우더를 포함한다고 설명하고 있으므로 정답은 ②이다.
  ① 그러므로 ② 그러나 ③ 그래서 ④ 게다가 ⑤ 예를 들어

4 다른 두 종류라고 했으므로 앞에서 언급한 dark chocolate과 milk chocolate을 가리킨다.

5 (1) 이 발명품은 그를 (A) 부유한 남자로 만들어 주었다.
  (2) 그 케이크는 더 많은 달걀과 버터로 (B) 진하게 만들어질 수 있다.
  첫 번째 문장의 (A)에는 '부유한'이라는 말이 들어가고 두 번째 문장의 (B)에는 '진한'이라는 의미가 적절하므로 정답은 rich(부유한, 돈 많은; (음식이) 진한, 기름진)이다.

끊어서 읽기	어휘 확인하기
다크 초콜릿은 ~로 알려져 있다　／　'플레인(향료가 안 든) 초콜릿.'　　그것의 35퍼센트 **1** Dark chocolate is known as / "plain chocolate." **2** Thirty-five percent 또는 그 이상이　／　코코아 파우더로 구성되어 있다.　　그것은 주로 약간의 설탕으로 만들어진다 or more of it / is made of cocoa powder. **3** It's usually made with	**be known as** ~로 알려져 있다 **plain** 분명한, 명백한; 쉬운; 못생긴; 무늬가 없는; (음식 등이) 맛이 담백한, 향료가 안 든

44　정답 및 해설

some sugar / but no milk. ⁴ Based on how much cocoa powder is

included, / the flavor of dark chocolate can be semisweet to

bittersweet. ⁵ People enjoy dark chocolate // as it is / or cook with it.

⁶ The stronger ones / with 70 percent cocoa powder / are proper

for chocolate cakes / and rich chocolate ice cream.

⁷Milk chocolate is lighter in color / than dark chocolate. ⁸ It tastes

sweeter and smoother, too. ⁹ In factories, / producers blend some

of the cocoa powder / with milk powder or condensed milk.

¹⁰ There is only 20 percent cocoa powder / in cheap milk chocolate.

¹¹ However, expensive ones from Germany and Switzerland

/ usually contain about 40 percent cocoa powder.

¹² On the other hand, / white chocolate is very different / from the

other two types. ¹³ Some people say // that white chocolate is not

a real chocolate. ¹⁴ It is mainly made with sugar, milk, and cocoa

butter / without cocoa powder.

---

be made of ~로 구성되다, ~로 만들어지다

powder 가루, 분말

based on ~에 따라, ~에 의해

include 포함하다

flavor 맛, 풍미; 맛을 내다

semisweet 약간 단맛이 나는

bittersweet 씁쓸하면서 달콤한

proper 적합한, 알맞은

rich 부유한, 돈 많은; 풍부한, 풍성한; (음식이) 진한, 기름진

taste (~의) 맛이 나다

smooth 부드러운

producer 생산자, 생산 회사 [국가]; (영화·연극의) 제작자

blend 섞다, 섞이다

milk powder 분유

contain (용기, 장소가) ~을 담고 있다, 포함하다

on the other hand 다른 한편으로는, 반면에

type 유형, 종류

mainly 주로, 대부분은

butter 버터

without (사람이나 사물) 없이, ~이 없는

[선택지 어휘]

thus 그러므로, 따라서

해석 한눈에 보기

¹ 다크 초콜릿은 '플레인(향료가 안 든) 초콜릿'으로 알려져 있다. ² 35퍼센트 또는 그 이상이 코코아 파우더로 구성되어 있다. ³ 그것은 우유 없이 주로 약간의 설탕으로 만들어진다. ⁴ 얼마나 많은 코코아 파우더가 포함되는지에 따라 다크 초콜릿의 맛은 약간 단맛이 나는 것부터 씁쓸하면서 달콤한 맛이 나는 것까지 있을 수 있다. ⁵ 사람들은 다크 초콜릿을 있는 그대로 또는 조리하여 즐긴다. ⁶ 70퍼센트의 코코아 파우더로 된 더 진한 다크 초콜릿은 초콜릿 케이크나 진한 초콜릿 아이스크림에 적합하다.

⁷ 밀크 초콜릿은 다크 초콜릿보다 색이 더 밝다. ⁸ 그것은 맛도 더 달콤하고 부드럽다. ⁹ 공장에서는 생산자들이 코코아 파우더를 분유나 연유와 섞는다. ¹⁰ 저렴한 밀크 초콜릿에는 단지 20퍼센트의 코코아 파우더가 들어 있다. ¹¹ 그러나 독일과 스위스에서 온 비싼 것에는 보통 약 40퍼센트의 코코아 파우더가 들어 있다.

¹² 반면에 화이트 초콜릿은 다른 두 종류와 매우 다르다. ¹³ 어떤 사람들은 화이트 초콜릿은 진짜 초콜릿이 아니라고 말한다. ¹⁴ 그것은 코코아 파우더 없이 주로 설탕, 우유, 코코아 버터로 만들어진다.

필수 구문 확인하기

¹³Some people say **that** white chocolate is not a real chocolate.

▶ that은 명사절을 이끄는 접속사이며, that 이하는 say의 목적어 역할을 한다.

교육부 지정 중학 필수 어휘

1 collection　2 promise　3 argument　4 leader　5 international　6 expert

START READING!

1 the important records of royal ceremonies　2 (1) T　(2) F　(3) T

KEEP READING!

1 ①　2 ③　3 ②　4 cultural objects　5 argument

KEEP READING! 해설

1 지문에 가장 적절한 제목을 고르는 문제이다. 병인양요 당시 프랑스군이 훔쳐 갔던 외규장각 도서들을 다시 한국에 가져온 것에 대한 내용이므로 정답은 ①이다.

2 2010년 서울에서 열린 국제 지도자 회의 중에 프랑스가 외규장각 도서를 돌려주기로 약속했다(This argument finally ended ~ in Seoul in 2010.)고 했으므로 ③은 글의 내용과 일치하지 않는다.

3 빈칸 문장 앞부분에서 한국 정부와 프랑스가 책 반환 문제를 해결하기 위해 오랜 시간을 보냈다는 내용이 나오고, 빈칸을 포함한 문장에서 프랑스가 책을 돌려주기로 약속했다고 했으므로, 빈칸에는 논쟁이 '끝났다'는 말이 들어가는 것이 적절하다. 따라서 정답은 ②이다.
① 계속되었다　② 끝났다　③ 시작되었다　④ 심해졌다　⑤ 변했다

4 밑줄 친 them 앞에서 비록 한국이 외규장각 도서들을 회수했지만 많은 다른 문화재들(cultural objects)을 여전히 찾지 못한 상태라고 했으며, 전문가들은 76만 점 이상의 그것들(them)이 아직 세계 곳곳에 있다고 말한다는 내용이 이어진다. 따라서 정답은 cultural objects이다.

5 '다른 의견을 가진 사람들 간의 논의 혹은 다툼'을 의미하므로, argument(말다툼, 논쟁)가 정답이다.

끊어서 읽기

　　　　외규장각의 도서들은 수집품의 일부가 되었다　　　　　　　／
¹ The Oegyujanggak books became a part of the collections / in a

　　프랑스의 박물관.　　　　한국은 이것에 대해 알았다　　//　도서관의 한 근로자가
museum of France. ² Korea learned about this // when a worker in a

　　　책들을 발견했을 때　　／　1975년에.　　그 후　　／
library discovered the books / in 1975. ³ After that, / the Korean

한국 정부는 책들을 돌려받기 위해 노력했다.　　한국은 생각했다　　//
government tried to get the books back. ⁴ Korea thought // ∧the
　　　　　　　　　　　　　　　　　　　　　　　　　　　　that

　그 책들은 반환되어야 한다고　　//　왜냐하면 그것들은 도난당했기 때문에.　그런데　／
books should be returned // because they were stolen. ⁵ However, /

　프랑스는 책들을 반환하는 것을 거부했다.　　두 나라는 오랜 시간을 보냈다
France refused to return the books. ⁶ The two countries spent a long
　　　　　　to+동사원형 (~하는 것을)

／　그 문제를 해결하기 위해.
time / to solve the problem.
　　to+동사원형 (~하기 위해)

　　　이 논쟁은 마침내 끝났다　　//　　프랑스가 외규장각 도서를 반환하기로 약속했을 때
⁷ This argument finally ended // when France promised to return the
　　　　　　　　　　　　　　　　　　　　　　　　　to+동사원형 (~하는 것을)

　　　　　　　／　　　국제 지도자의 회의 중에
Oegyujanggak books / during a meeting of international leaders /

어휘 확인하기

collection 수집, 채집; 수집품, 소장품

museum 박물관

discover 발견하다, 찾아내다

government 정부, 정권

get A back A를 되찾다

steal 훔치다, 도둑질하다

refuse 거절하다, 거부하다

solve 풀다, 해결하다

argument 말다툼, 논쟁

finally 마침내

promise 약속하다, 서약하다; 약속, 서약

international 국제의, 국제적인

leader 지도자, 대표

agreement 협정, 합의

continue 계속되다, 이어지다

cultural 문화의, 문화적인

object 물건, 물체

서울에서 2010년에.　　　　　약속에 따라　　/　　두 나라 사이의
in Seoul in 2010. **8** According to the promise / between the two

　　　　　　　　　　　/　　　　모든 책들은 국립중앙박물관에 반환되었다.
countries, / all books were returned to the National Museum of Korea.

그것들은 박물관에 있을 것이다　//　　그 협정이 계속되는 한.
9 They will stay in the museum // as long as the agreement continues.
　　　　　　　　　　　　　　　　　(~하는 한)

비록 한국이 외규장각 도서들을 마침내 회수했지만　　　//
10 Even though Korea finally took back the Oegyujanggak books, //

　　많은 다른 문화재들은　　/　여전히 못 찾은 상태이다.　전문가들은 말한다　//
many other cultural objects / are still missing. **11** Experts say // that
　　　　　　　　　　　　　　　　　　　　　　　　　　　(~인 것을)

76만 점 이상의 문화재가　　/　　세계 곳곳에 있다고.
more than 760,000 of them / are around the world. **12** We

우리는 이런 문화재에 관심을 가져야 한다　　/ 그리고 그것들을 돌려받기 위해 노력해야 한다.
should pay attention to these objects / and try to get them back.

missing 사라진, 없어진
expert 전문가; 전문가의, 전문적인
pay attention to ~에 주목하다

[선택지 어휘]
discussion 논의, 상의

해석 한눈에 보기

1 외규장각의 도서들은 프랑스 박물관 수집품의 일부가 되었다. **2** 한국은 이 사실을 1975년에 도서관에서 일하는 한 근로자가 책을 발견했을 때 알았다. **3** 그 후 한국 정부는 책들을 돌려받기 위해 노력했다. **4** 그것들은 도난당했기 때문에 한국은 책들이 반환되어야 한다고 생각했다. **5** 그런데 프랑스는 책들을 반환하는 것을 거절했다. **6** 두 나라는 그 문제를 해결하기 위해 오랜 시간을 썼다.

7 이 논쟁은 2010년 서울에서 열린 국제 지도자 회의 중에 프랑스가 외규장각 도서를 반환하기로 약속했을 때 마침내 끝났다. **8** 두 나라 간의 약속에 따라 모든 책들은 국립중앙박물관으로 반환되었다. **9** 그것들은 그 협정이 계속되는 한 박물관에 있을 것이다.

10 비록 한국이 마침내 외규장각 도서들을 회수했지만, 여전히 많은 다른 문화재는 못 찾은 상태이다. **11** 전문가들은 76만 점 이상의 문화재가 세계 곳곳에 있다고 말한다. **12** 우리는 이런 문화재에 관심을 갖고 그것들을 돌려받기 위해 노력해야 한다.

필수 구문 확인하기

4 Korea thought (that) the books should be returned because they were stolen.
　　　　　<u>　V　</u>　<u>　　　　　　　　　O　　　　　　　　　</u>

▶ the books 이하는 동사 thought의 목적어로, thought 뒤에는 접속사 that이 생략되었다.

---

04 **[과학 | 수권의 구성과 순환] 소금을 내는 맷돌** 　　　　　　본문 p.114~117

교육부 지정 중학 필수 어휘
1 envy　2 wealthy　3 escape　4 entire　5 urged　6 success　7 direction

START READING!
1 ③

KEEP READING!
1 ④　2 ⑤　3 ⑤　4 ②　5 E–C–A–D–B

KEEP READING! 해설

1 지문에 가장 적절한 제목을 고르는 문제이다. 욕심 많은 형이 맷돌을 훔쳐 바다에 가득 차도록 소금을 만들어서 바다가 짜게 되었다는 이야기이므로 정답은 ④이다.
　① 부자가 되고자 하는 형의 욕망
　② 숲속의 도깨비는 누구인가?
　③ 바닷물을 소금으로 만드는 방법

④ 무엇이 바다를 짜게 만들었나
⑤ 선의가 항상 좋은 결과를 가져오지는 않는다.

2 주어진 문장의 But은 대조를 나타내고 맷돌이 멈추지 않았다는 내용이다. 따라서 소금이 배를 가득 채웠다는 앞 문장과 배가 바다에 가라앉을 때까지 계속해서 소금을 만들었다는 문장 사이에 위치하는 것이 적절하므로 정답은 ⑤이다.

3 가난한 동생에게 맷돌을 준 것은 도깨비이므로 ⓔ는 도깨비(the goblin)을 가리키며, 나머지는 가난한 동생을 가리킨다. 따라서 정답은 ⑤이다.

4 entire는 '전체의'라는 뜻이므로 뜻이 같은 것은 ②이다.
① 부분적인　②전체의　③ 각각의　④ 몇몇의　⑤ 또 다른

5 시간의 순서에 따라 보기의 A~E를 나열하면, E-C-A-D-B이다.
E. 부자인 형은 동생에게 도깨비와 함께 고기를 먹으라고 말했다.
C. 가난한 동생은 도깨비에게 고기를 주었다.
A. 도깨비는 가난한 동생에게 마법의 맷돌을 주었다.
D. 부자인 형은 맷돌을 훔쳤고 소금을 얻길 바랐다.
B. 배는 소금으로 가득 차 바다 밑으로 가라앉았다.

끊어서 읽기

가난한 동생이 도착했을 때 // 부자인 형은 / 던졌다
¹ When the poor brother arrived, // the rich brother / threw /

고기 몇 점을 / 그에게. 그를 비웃으며 부자인 형은 말했다
some meat / at him. ² Laughing at him, / the rich brother said, //

"이걸 가져가서 그리고 도깨비와 같이 먹어라 / 숲속에서!" 가난한 동생은 너무 순진해서
"Take this and eat with the goblin / in the woods!" ³ The poor brother

// 그는 결심했다 / 도깨비를 찾기로.
was so innocent // that he made the decision / to find the goblin.
so ~ that (너무 ~해서 …하다)

숲속으로 가는 길에 / 그는 나무꾼 몇 명을 만났다 / 그리고 그들에게 물었다
⁴ On his way to the woods, / he met some woodcutters / and asked

/ 도깨비의 집에 가는 방법. 나무꾼들은 그에게 주었다 /
them / how to get to the goblin's house. ⁵ The woodcutters gave him /

방향을 / 그리고 그에게 충고했다 / 오직 도깨비의 맷돌만을 요청할 것을.
the directions / and urged him / only to ask for the goblin's magic

millstone.

그 동생은 곧 도깨비를 찾았다. 그는 도깨비에게 주었다 /
⁶ The brother soon found the goblin. ⁷ He offered the goblin /

고기를 // 그리고 도깨비는 행복하게 그것을 먹었다. 그리고 나서 그는 요청했다 /
the meat, // and the goblin happily ate it. ⁸ Then he asked for /

도깨비의 맷돌을. 도깨비는 놀랐다 / 하지만 곧 승낙했다.
the goblin's millstone. ⁹ The goblin was surprised / but soon accepted.

그는 그의 맷돌을 주었다 / 어떤 소원도 들어줄 수 있는. 마법의 맷돌로
¹⁰ He gave his millstone, / which could grant any wish. ¹¹ With the magic

/ 가난한 동생은 곧 부유해졌다.
millstone, / the poor brother soon became wealthy.

어휘 확인하기

laugh at ~을 비웃다
innocent 순진한
decision 결심, 결정
woodcutter 나무꾼
direction 방향
urge 충고하다; 촉구하다
offer 제공하다, 주다
accept 받아들이다, 수락하다
grant (소원 따위를) 들어주다
wealthy 부유한, 재산이 많은
success 성공, 출세; 성공한 사람[것]
envy 부러움, 시기, 질투; 부러워하다
steal 훔치다
escape 탈출하다; 탈출
sink 가라앉다, 침몰하다
legend has it (that) 전설에 따르면
salty (맛이) 짠
fill A with B A를 B로 채우다
entire 전체의

[선택지 어휘]
desire 욕망, 바람
turn A into B A를 B로 바꾸다
will 의지
partial 부분적인

^{부자인 그의 형이 들었을 때 / 맷돌과 그의 동생의 성공에 대해}

¹² When the rich brother heard of / the millstone and his brother's

^{// 그는 큰 질투심을 느꼈다. 그래서 그는 맷돌을 훔쳤다 / 그리고 배를 타고}

success, // he felt great envy. ¹³ So, he stole the millstone / and escaped

^{달아났다 / 바다로. 그리고 그는 맷돌에 명령했다 / 소금을 만들 것을}

on a boat / into the sea. ¹⁴ Then he ordered the millstone / to make salt

^{/ 그를 가장 부유한 사람으로 만들기 위해 / 세상에서. 맷돌은 시작했다 /}

/ to make him the richest man / in the world. ¹⁵ The millstone began /

to+동사원형 (~하기 위해)

^{소금을 만드는 것을 // 그리고 곧 배는 가득 찼다. 그러나 맷돌은 멈추지 않았다.}

to make the salt, // and soon the boat was full. ¹⁶ But the millstone

^{그것은 계속해서 소금을 만들었다 // 배가 가라앉을 때까지 / 바닥에.}

didn't stop. ¹⁷ It kept making salt // until the boat sank / to the bottom.

keep 동사-ing (계속해서 ~하다)

^{전설에 따르면 // 바다는 오늘날 여전히 짜다 //}

¹⁸ Legend has it // that the sea is still salty today // because the

^{맷돌이 결코 멈추지 않았기 때문에 / 그리고 온 바다를 채웠기 때문에 / 소금으로.}

millstone never stopped / and filled the entire sea / with salt.

해석 한눈에 보기

¹ 가난한 동생이 도착했을 때, 부자인 형은 고기 몇 점을 그에게 던졌다. ² 부자인 형은 그를 비웃으며 말했다. "이걸 가져가서 숲속에서 도깨비와 같이 먹어라!" ³ 가난한 동생은 매우 순진해서 도깨비를 찾기로 결심했다. ⁴ 숲으로 가는 도중 그는 나무꾼 몇 명을 만났고, 그들에게 도깨비의 집에 가는 방법을 물었다. ⁵ 나무꾼들은 그에게 방향을 알려주었고 오직 도깨비의 맷돌만을 요청하라고 충고했다.

⁶ 그 동생은 곧 도깨비를 찾았다. ⁷ 그는 도깨비에게 고기를 주었고, 도깨비는 행복하게 그것을 먹었다. ⁸ 그리고 나서 그는 도깨비의 맷돌을 요청했다. ⁹ 도깨비는 놀랐지만 곧 승낙했다. ¹⁰ 그는 자기 맷돌을 주었는데, 그 맷돌은 어떠한 소원도 들어줄 수 있었다. ¹¹ 마법의 맷돌로 가난한 동생은 곧 부유해졌다. ¹² 부자인 그의 형이 맷돌과 동생의 성공에 대해 들었을 때, 그는 큰 질투심을 느꼈다. ¹³ 그래서 그는 맷돌을 훔쳐 배를 타고 바다로 달아났다. ¹⁴ 그리고 그는 맷돌에게 자신을 세상에서 가장 부유한 사람으로 만들기 위해 소금을 만들라고 명령했다. ¹⁵ 맷돌은 소금을 만들기 시작했고, 곧 배는 가득 찼다. ¹⁶ 그러나 맷돌은 멈추지 않았다. ¹⁷ 그것은 배가 바닥에 가라앉을 때까지 계속해서 소금을 만들었다. ¹⁸ 전설에 따르면 그 맷돌이 결코 멈추지 않고 온 바다를 소금으로 채웠기 때문에 오늘날 여전히 바다가 짜다고 한다.

필수 구문 확인하기

² **Laughing at him**, the rich brother said, "Take this and eat with the goblin in the woods!"

▶ Laughing at him은 '~하면서'라는 의미의 분사구문이다. As he laughed at him으로 바꿔 쓸 수 있다.

⁴ **On his way to** the woods, he met some woodcutters and asked them **how to get** to the goblin's house.

▶ on one's way to A는 'A로 가는 도중에'라는 의미이다.
▶ 「how to+동사원형」은 '~하는 방법'이라는 의미이다.

¹⁰ He gave his millstone, **which** could grant any wish.

▶ which는 계속적 용법으로 쓰인 관계대명사로, his millstone을 부연해 설명한다. 여기서 which는 and it으로도 바꿔 쓸 수 있다.

MEMO

MEMO

READING RELAY
STARTER 1, 2

READING RELAY
CHALLENGER 1, 2

READING RELAY
MASTER 1, 2

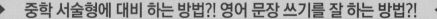

중학 서술형에 대비 하는 방법?! 영어 문장 쓰기를 잘 하는 방법?!

쓰작으로 시작!

강남구청
인터넷 수능방송
강의 교재

· 중학 교과서 대표 문장 및 서술형
  핵심 문법 포인트 제시

· 체계적인 3단계 쓰기 연습
  순서배열 ▶ 빈칸완성 ▶ 내신기출

· 중학 14종 내신 서술형 평가
  유형 완전 분석

· 기출 포인트와 감점 포인트로
  오답이나 감점 피하기

🔍 한 페이지로 끝내는 서술형 대비! 쓰작

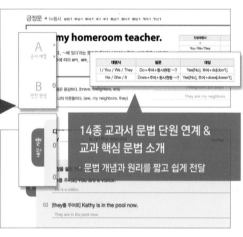

체계적인 3단계 쓰기 훈련
· 순서 배열 - 빈칸 완성 - 내신 기출
  실제 내신 기출 유형을
  반영한 문장들로
  효과적인 서술형 대비 가능

**14종 교과서 문법 단원 연계 &
교과 핵심 문법 소개**
· 문법 개념과 원리를 짧고 쉽게 전달

감점포인트 & 기출 포인트
· 틀리기 쉬운 표현과 시험에 자주
  나오는 문장 체크

쎄듀북닷컴(www.cedubook.com)에서 부가 자료를 무료로 다운로드할 수 있습니다.

READING RELAY

단어 암기장

CHALLENGER

Chapter **07**

☐ **system** [sístəm] 명 제도, 체제, 시스템

☐ **offer** [ɔ́(ː)fər] 동 제공하다, 권하다 명 제공, 제안

☐ **location** [loukéiʃən] 명 장소, 곳, 위치

☐ **clearly** [klíərli] 부 ① 또렷하게, 선명하게 ② 분명히

☐ **view** [vjuː] 명 ① 경관, 전망 ② 생각, 의견

　　　　　　　　 동 ① 보다, 둘러보다 ② 여기다, 생각하다

☐ **opportunity** [ὰpərtjúːnəti] 명 기회

☐ popular [pápjələr] 인기 있는

☐ forecast [fɔ́ːrkæ̀st] 예측, 보고

☐ viewing [vjúːiŋ] (풍경 등의) 감상

☐ such as ~와 같은

☐ get away from ~로부터 벗어나다, 도망치다

☐ wild [waild] 야생의, 자연 그대로의

☐ common [kámən] 흔한

☐ still [stil] 여전히, 아직(도)

☐ sled [sled] 썰매

☐ **ceremony** [sérəmòuni] 명 식, 의식

☐ **beer** [biər] 명 ① 맥주 ② 맥주 한 잔[병/캔]

☐ **annual** [ǽnjuəl] 형 ① 매년의, 연례의 ② 연간의, 한 해의

☐ **rapidly** [rǽpidli] 부 빠르게, 급속히

☐ **ride** [raid] 동 (자전거 · 오토바이 등을) 타다[몰다]

　　　　　　 명 ① (차량 · 자전거 등을) 타고 달리기

　　　　　　　　 ② (놀이동산 등에 있는) 놀이 기구

☐ **attract** [ətrǽkt] 동 ① 마음을 끌다 ② (어디로) 끌어들이다, 끌어 모으다

☐ **folk** [fouk] 명 (일반적인) 사람들 형 민속의, 전통적인

☐ crown prince	(일부 국가에서) 황태자[왕세자]
☐ horse race	경마, 말 달리기 시합
☐ popular [pápjələr]	인기 있는, 대중적인
☐ hold [hould]	(회의·시합 등을) 열다, 개최하다
☐ festival [féstəvəl]	축제
☐ provide [prəváid]	제공하다, 공급하다
☐ play [plei]	연극
☐ amusement [əmjú:zmənt]	오락, 놀이
☐ center of	~의 중심지
☐ World War I	1차 세계 대전
☐ several [sévərəl]	(몇)몇의
☐ million [míljən]	100만
☐ mix [miks]	결합, 혼합
☐ tradition [trədíʃən]	전통
☐ international [ìntərnǽʃənəl]	국제적인
☐ flavor [fléivər]	특징, 특색
☐ among [əmʌ́ŋ]	(셋 이상의) 사이에

04 앤드루 카네기   p.24~27

☐ **career** [kəríər]	몡 ① 직업 ② 사회생활, 경력
☐ **duty** [djú:ti]	몡 의무, 업무
☐ **device** [diváis]	몡 (기계적) 장치
☐ **manage** [mǽnidʒ]	동 ① 해내다, 처리하다 ② 관리하다, 감독하다
☐ **notice** [nóutis]	동 ① 알아채다, 인지하다 ② 주목하다
	몡 ① 통지, 통보 ② 주의, 주목
☐ **steel** [sti:l]	몡 ① 철, 강철 ② 철강업
☐ **support** [səpɔ́:rt]	동 ① 지지하다, 응원하다 ② 후원하다, 지원하다 몡 지지, 지원

☐ partner[pá:rtnər]	협력자, 동업자	
☐ success[səksés]	성공	
☐ banker[bǽŋkər]	은행가	
☐ million[míljən]	100만	
☐ in need	어려움에 처한, 궁핍한	

Chapter **08**

☐ **connect**[kənékt]   통 ① 연결하다, 잇다 ② 접속하다

☐ **communicate**
[kəmjú:nəkèit]   통 ① 의사소통을 하다 ② (생각이나 느낌 등을) 전하다

☐ **repeat**[ripí:t]   통 ① (말·행동을) 반복하다, 되풀이하다
　　　　　 ② (다른 사람의 말을) 따라 하다
　　　　 명 반복

☐ **interest**[íntərèst]   명 관심, 흥미 통 ~의 관심[흥미]을 끌다

☐ **simple**[símpl]   형 ① 간단한, 단순한 ② 소박한

☐ **conversation**
[kànvərséiʃən]   명 대화, 회화

☐ eye contact   눈 맞춤

☐ create[kriéit]   만들다, 창조하다

☐ natural[nǽtʃərəl]   자연스러운

☐ important[impɔ́:rtənt]   중요한

☐ rude[ru:d]   무례한, 예의 없는

☐ look away   눈길을 돌리다

☐ interested[íntərèstid]   관심 있어 하는

☐ exchange[ikstʃéindʒ]   교환하다, 주고받다

☐ **tax**[tæks]	명 세금 동 세금을 부과하다, 과세하다
☐ **crime**[kraim]	명 범죄
☐ **criminal**[krímənl]	범인, 범죄자; 범죄의
☐ **negative**[négətiv]	형 부정적인, 나쁜 명 부정, 거부
☐ **society**[səsáiəti]	명 ① 사회 ② 집단 ③ 협회, 단체
☐ **increase**[inkríːs]	동 늘리다, 인상시키다 명 증가, 인상
☐ **fault**[fɔːlt]	명 ① 잘못, 책임 ② 단점, 결점
☐ misunderstand [mìsʌndərstǽnd]	오해하다
☐ concept[kánsept]	개념
☐ imagine[imǽdʒin]	상상하다, (마음속으로) 그리다
☐ actually[ǽktʃuəli]	실제로, 정말로
☐ effect[ifékt]	영향, 효과
☐ government[gʌ́vərnmənt]	정부, 정권
☐ item[áitəm]	물품
☐ price[prais]	값, 가격
☐ stadium[stéidiəm]	경기장
☐ certain[sə́ːrtn]	어떤
☐ illegally[ilíːgəli]	불법적으로
☐ cause[kɔːz]	~을 초래하다
☐ opinion[əpínjən]	의견

☐ **exactly**[igzǽktli]	부 정확히, 틀림없이
☐ **current**[kə́ːrənt]	형 현재의, 지금의
☐ **editor**[éditər]	명 편집자, 교정자
☐ **straight**[streit]	부 똑바로, 곧장 형 ① 곧은, 일직선의 ② 솔직한

☐ **symbolize** [símbəlàiz]	동 상징하다, ~의 부호이다	
☐ **equal** [í:kwəl]	형 동일한, 같은	
☐ sign [sain]	기호, 부호	
☐ introduce [ìntrədjú:s]	소개하다	
☐ work [wə:rk]	작품, 저서	
☐ British [brítiʃ]	영국인의	
☐ mathematician [mæθəmətíʃən]	수학자	
☐ publish [pábliʃ]	출판하다, 발행하다	
☐ death [deθ]	죽음, 사망	
☐ symbol [símbəl]	기호, 부호	
☐ actually [ǽktʃuəli]	실제로	
☐ invent [invént]	발명하다, 창안하다	
☐ at first	처음에는	
☐ similar [símələr]	비슷한	
☐ single [síŋgl]	하나의	

04 | 고독한 은둔생활을 했던 과학자   p.42~45

☐ **degree** [digrí:]	명 ① (각도, 온도 단위인) 도 ② 학위	
☐ **fortune** [fɔ́:rtʃən]	명 ① 행운 ② 부, 재산	
☐ **social** [sóuʃəl]	형 ① 사회의 ② 사교적인	
☐ **manner** [mǽnər]	명 ① (일의) 방식 ② (사람의) 태도 ③ 예의	
☐ **concern** [kənsə́:rn]	동 영향을 미치다, 관련되다 명 ① 우려, 걱정 ② 관심	
☐ **avoid** [əvɔ́id]	동 ① 방지하다, 막다 ② 피하다, 회피하다	
☐ for certain	확실히, 틀림없이	
☐ huge [hju:dʒ]	막대한	
☐ family [fǽməli]	가문	
☐ weird [wiərd]	기이한, 이상한	

☐ unfriendly [ʌnfréndli]	비우호적인, 불친절한
☐ maid [meid]	하녀, 가정부
☐ stair [stɛər]	계단
☐ note [nout]	쪽지, 편지
☐ accidentally [æksidéntəli]	우연히
☐ fire [fáiər]	해고하다
☐ right away	즉각, 곧바로
☐ laboratory [lǽbrətɔ̀:ri]	실험실
☐ scientific [sàiəntífik]	과학의, 과학적인
☐ publish [pʌ́bliʃ]	출판하다, 발행하다
☐ modern [mádərn]	현대의, 근대의
☐ century [séntʃəri]	세기

Chapter 09

O1 엘리자베스 키스		p.48~51
☐ **education** [èdʒukéiʃən]	명 교육	
☐ **talented** [tǽləntid]	형 재능이 있는, 유능한	
☐ **surroundings** [səráundiŋz]	명 환경	
☐ **traditional** [trədíʃənəl]	형 전통의, 전통적인	
☐ **continue** [kəntínju:]	동 계속되다, 지속하다	
☐ **cancel** [kǽnsəl]	동 취소하다, 무효화하다	
☐ drawing [drɔ́:iŋ]	그림, 데생	
☐ although [ɔ:lðóu]	(비록) ~이긴 하지만	
☐ professional [prəféʃənəl]	전문적인	
☐ training [tréiniŋ]	교육, 훈련	

☐ landscape [lǽndskèip]	풍경	
☐ temple [témpəl]	신전, 사원, 절	
☐ sketch [sketʃ]	스케치하다	
☐ watercolor [wɔ́:tərkʌ̀lər]	수채화 그림물감	
☐ unable to	~할 수 없는, ~하지 못하는	
☐ support [səpɔ́:rt]	부양하다, 살게 하다	

02 타이어와 온도 p.52~55

☐ **influence** [ínfluəns]	명 영향, 영향력 동 영향을 미치다	
☐ **flat** [flæt]	형 ① 평평한 ② 바람이 빠진, 펑크 난	
☐ **go flat**	(타이어가) 바람이 빠지다	
☐ **rise** [raiz] – rose – risen	명 증가, 상승 동 오르다, 증가하다	
☐ **opposite** [ápəzit]	형 ① 맞은편의 ② 정반대의 명 반대	
☐ **tight** [tait]	형 꽉 조이는, 단단한	
☐ **necessary** [nésəsèri]	형 필요한, 없어서는 안 될	
☐ temperature [témpərətʃər]	온도, 기온	
☐ huge [hju:dʒ]	거대한	
☐ increase [inkrí:s]	증가하다, 늘다; 증가	
☐ lead [li:d]	초래하다, (어떤 결과에) 이르게 하다	
☐ pressure [préʃər]	압력	
☐ represent [rè:prizént]	나타내다, 의미하다	
☐ stand [stænd]	참다, 견디다	
☐ accident [ǽksidənt]	사고	
☐ thus [ðʌs]	그러므로	
☐ carefully [kɛ́ərfəli]	주의하여, 조심스럽게	
☐ safety [séifti]	안전	

☐ **surface** [sə́:rfis]   명 (사물의) 표면, 표층 동 나타나다, 드러나다

☐ **layer** [léiər]   명 층, 겹 동 층층이 놓다, 겹겹이 쌓다

☐ **sheet** [ʃi:t]   명 한 장, 한 판

☐ **press** [pres]   명 신문, 언론 동 (~을) 내리 누르다

☐ **sticky** [stíki]   형 끈적거리는

☐ **waste** [weist]   동 낭비하다, 허비하다 명 ① 낭비, 허비 ② 쓰레기

☐ stem [stem]   줄기

☐ piece [pi:s]   한 부분, 한 조각

☐ for a while   잠시(동안)

☐ place [pleis]   놓다, 두다

☐ right angle   직각

☐ hammer [hǽmər]   망치로 치다

☐ mash [mæʃ]   으깨다

☐ liquid [líkwid]   액체

☐ glue [glu:]   (접착제로) 붙이다

☐ record [rikɔ́:rd]   기록하다

☐ information [ìnfərméiʃən]   정보

☐ medicine [médəsin]   의학, 의술

☐ prayer [prɛər]   기도

☐ folk tale   설화, 전설

☐ document [dɑ́kjəmənt]   서류, 문서

☐ store [stɔ:r]   저장하다

☐ convenient [kənví:njənt]   편리한

☐ go to waste   쓸모없이 되다

☐ **distance** [dístəns]   몡 거리

☐ **describe** [diskráib]   통 묘사하다, (말로) 설명하다

☐ **object** [ábdʒikt]   몡 물건, 물체

☐ **mark** [mɑːrk]   몡 ① 자국, 얼룩 ② 기호, 표시 통 표시하다

☐ **border** [bɔ́ːrdər]   몡 경계, 국경

☐ **contrast**   몡 대조, 대비 통 대조하다, 대비시키다
    몡 [kántræst] 통 [kəntræst]

☐ **in contrast with**   ~와는 대조적으로

☐ throughout [θruːáut]   ~동안, ~내내

☐ landmark [lǽndmàːrk]   주요 지형지물, 랜드마크

☐ direction [dirékʃən]   방향

☐ kingdom [kíŋdəm]   왕국

☐ mean [miːn]   의미하다

☐ recognize [rékəgnàiz]   알아보다

☐ site [sait]   위치, 장소

☐ man-made   사람이 만든, 인공의

☐ fall [fɔːl]   《복수형》 폭포

☐ create [kriéit]   만들다, 창조하다

☐ statue [stǽtʃuː]   동상

☐ symbol [símbəl]   상징

☐ view [vjuː]   여기다, 생각하다

Chapter **10**

☐ **aware** [əwɛ́ər] — 혱 알고 있는, 알아차린

☐ **aware of** — ~을 알고 있는

☐ **tool** [tu:l] — 몡 도구, 연장

☐ **supply** [səplái] — 몡 공급품, 용품 동 공급하다, 지급하다

☐ **suspect**
동 [səspékt] 몡 [sʌ́spekt] — 동 의심하다 몡 혐의자, 용의자

☐ **truth** [tru:θ] — 몡 사실, 진실

☐ **palm** [pɑ:m] — 몡 ① 손바닥 ② 야자나무

☐ **dust** [dʌst] — 몡 먼지, 티끌 동 먼지를 털다

☐ disappear [dìsəpíər] — 사라지다

☐ thief [θi:f] — 도둑

☐ innocent [ínəsənt] — 결백한

☐ except [iksépt] — ~을 제외하고는

☐ gather [gǽðər] — 모으다

☐ **invent** [invént] — 동 발명하다, 만들다

☐ **concept** [kánsept] — 몡 개념

☐ **situation** [sìtʃuéiʃən] — 몡 ① 경우, 상황 ② 위치, 장소

☐ **blend** [blend] — 동 섞다, 혼합하다 몡 혼합, 조합

☐ **serve** [sə:rv] — 동 ① (음식을) 제공하다

② (조직·나라를) 위해 일하다, (사람을) 섬기다

☐ **excellent** [éksələnt] — 혱 훌륭한, 탁월한

☐ existing [igzístiŋ]	기존의, 현재 있는
☐ sitcom [sitkám]	시트콤
☐ usually [júːʒuəli]	보통, 대개
☐ mixture [míkstʃər]	혼합
☐ meal [miːl]	식사, 끼니
☐ search engine	검색 엔진
☐ represent [rèːprizént]	나타내다
☐ verb [vəːrb]	동사

03 │ 스타벅스 지수 p.74~77

☐ **identify** [aidéntəfài]	동 ① (신원 등을) 확인하다[알아보다] ② 찾다, 발견하다
☐ **price** [prais]	명 값, 가격 동 ~에 값을 매기다
☐ **afford** [əfɔ́ːrd]	동 ① (~을 살) 여유[형편]가 되다 ② (부정문·의문문에서) ~을 할 수 있다 ③ 주다, 제공하다
☐ **goods** [gudz]	명 ① 상품, 제품 ② 재산[소유물]
☐ **present** 형 명 [prézənt] 동 [prizént]	형 ① 현재의 ② (사람이 특정 장소에) 있는 명 ① 선물 ② 현재 동 ① 주다 ② 제시[제출]하다 ③ 보여 주다
☐ **understanding** [ʌ̀ndərstǽndiŋ]	명 ① 이해 ② 합의
☐ **value** [vǽljuː]	명 가치, 값어치 동 ① 값을 평가하다 ② 소중히 여기다
☐ **various** [vέriəs]	형 여러 가지의, 다양한
☐ compare A to[with] B	A와 B를 비교하다
☐ coffee [kɔ́ːfi]	커피
☐ no matter where	어디서 ~하더라도
☐ index [índeks]	지수, 지표
☐ offer [ɔ́(ː)fər]	제공하다
☐ currency [kə́ːrənsi]	통화

04 광혜원 의사 앨런

☐ **medical** [médikəl]	혱 의학의, 의료의
☐ **suggest** [səd3ést]	동 ① 제안하다, 제의하다 ② 추천하다
☐ **treat** [tri:t]	동 ① 대하다, 대우하다 ② 대접하다 ③ 치료하다, 처치하다
☐ **link** [liŋk]	몡 ① (사슬의) 고리 ② 연결, 유대 동 연결하다, 연결시키다
☐ **provide** [prəváid]	동 제공하다, 주다
☐ **provide A with B**	A에게 B를 주다
☐ **patient** [péiʃənt]	몡 환자 혱 참을성 있는, 인내심 있는

☐ graduate [grǽdʒuət]	졸업하다
☐ western [wéstərn]	서양의
☐ dynasty [dáinəsti]	왕조
☐ accept [əksépt]	받아들이다, 수락하다
☐ offer [ɔ́(ː)fər]	제안, 제의
☐ government [gʌ́vərnmənt]	정부, 정권
☐ office [ɔ́(ː)fis]	사무실
☐ royal [rɔ́iəl]	국왕의, 왕실의
☐ found [faund]	설립하다
☐ modern [mádərn]	현대의, 근대의
☐ rename [rinéim]	이름을 다시 짓다
☐ at the same time	동시에
☐ A as well as B	B뿐만 아니라 A도

Chapter 11

01 초콜릿 음료

☐ **recipe** [résəpi]	몡 요리법, 조리법

- ☐ **amount** [əmáunt]   명 ① 총액, 액수 ② (무엇의) 양
- ☐ **bitter** [bítər]   형 ① 격렬한, 매서운 ② 맛이 쓴
- ☐ **precious** [préʃəs]   형 ① 소중한, 귀중한 ② (금전적 가치를 지닌) 값비싼, 귀한
- ☐ **gather** [gǽðər]   동 ① 모으다, 수집하다 ② 따다, 수확하다
- ☐ **journey** [dʒə́ːrni]   명 여행, 여정 동 여행하다

- ☐ **along with**   ~와 함께
- ☐ **discover** [diskʌ́vər]   알아내다
- ☐ **taste** [teist]   (~의) 맛이 나다
- ☐ **not ~ any longer**   더 이상 ~ 않는
- ☐ **popular** [pápjələr]   인기 있는, 대중적인
- ☐ **continue** [kəntínjuː]   계속하다, 이어지다
- ☐ **experiment** [ikspérəmənt]   실험하다
- ☐ **develop** [divéləp]   발달하다, 개발하다
- ☐ **secret** [síːkrit]   비밀
- ☐ **Central America**   중앙아메리카
- ☐ **Austria** [ɔ́(ː)striə]   오스트리아
- ☐ **Netherlands** [néðərləndz]   네덜란드

02   아이 머리를 쓰다듬으면 안 되는 나라   p.88~91

- ☐ **confidence** [kánfidəns]   명 ① 자신감 ② 신뢰, 믿음
- ☐ **insult** 동 [insʌ́lt] 명 [ínsʌlt]   동 모욕하다 명 모욕
- ☐ **acceptable** [əkséptəbl]   형 ① 받아들일 수 있는 ② (사회적으로) 용인되는
- ☐ **cheek** [tʃiːk]   명 볼, 뺨
- ☐ **hug** [hʌg]   동 껴안다, 포옹하다 명 껴안기, 포옹
- ☐ **gender** [dʒéndər]   명 성, 성별
- ☐ **consider** [kənsídər]   동 ① 사려하다, 숙고하다 ② ~로 여기다[생각하다]
- ☐ **behavior** [bihéivjər]   명 행동, 태도

☐ eye contact	눈 맞춤	
☐ honesty [ánisti]	정직	
☐ Middle East	중동	
☐ compliment [kámpləmənt]	칭찬하다	
☐ avoid [əvɔ́id]	피하다, 기피하다	
☐ spirit [spírit]	혼령, 유령	
☐ steal [sti:l]	훔치다, 도둑질하다	
☐ likewise [láikwàiz]	비슷하게	
☐ lightly [láitli]	가볍게	
☐ totally [tóutəli]	완전히	
☐ accept [əksépt]	받아들이다, 인정하다	

03 적도와 가까운 도시 Quito p.92~95

☐ **climate** [kláimit]	몡 ① 기후 ② 분위기, 풍조
☐ **settle** [sétəl]	동 ① 해결하다, 합의를 보다 ② 결정하다
☐ **settle on**	(생각 끝에) ~을 결정하다
☐ **comment** [kámənt]	몡 논평, 언급 동 견해를 밝히다
☐ **average** [ǽvəridʒ]	혭 ① 평균의 ② 보통의, 평범한 몡 보통, 평균
☐ **concrete** [kánkri:t]	혭 구체적인, 명확한 몡 ① 콘크리트 ② 구체적 관념
☐ **wonder** [wʌ́ndər]	동 궁금해하다, 알고 싶어 하다 몡 경이, 감탄
☐ **dense** [dens]	혭 ① 밀집한, 빽빽한, 밀도가 높은 ② (안개 등이) 자욱한, 짙은

☐ equator [ikwéitər]	적도
☐ tropical [trápikəl]	열대 지방의, 열대의
☐ humid [hjú:mid]	습한
☐ shorts [ʃɔ:rts]	반바지
☐ daytime [déitàim]	낮 (시간)
☐ temperature [témpərətʃər]	기온, 온도
☐ reason [rí:zən]	이유, 근거

| ☐ explain [ikspléin] | 설명하다 |
| ☐ rise [raiz] | 오르다 |

☐ **obvious** [ábviəs]	형 분명한, 명백한
☐ **century** [séntʃəri]	명 세기, 100년
☐ **publish** [pÁbliʃ]	동 출판하다, 발행하다
☐ **scholar** [skálər]	명 학자
☐ **encourage** [inkə́:ridʒ]	동 ① 격려하다, ~의 용기를 북돋우다
	② 장려하다, 촉진하다, 조장하다
☐ **mass** [mæs]	명 ① 덩어리 ② 다량, 다수 형 ① 대량의, 대규모의 ② 대중적인
☐ invent [invént]	발명하다
☐ actually [ǽktʃuəli]	실제로, 사실은
☐ record [rékərd]	기록
☐ invention [invénʃən]	발명
☐ tomb [tuːm]	무덤
☐ inventor [invéntər]	발명가
☐ evidence [évidəns]	증거
☐ as well	~뿐만 아니라, ~도
☐ appear [əpíər]	등장하다, 나타나다
☐ place [pleis]	놓다, 두다
☐ among [əmÁŋ]	~ 사이에
☐ printing [príntiŋ]	인쇄
☐ technology [teknálədʒi]	기술
☐ in turn	결국, 결과적으로
☐ production [prədÁkʃən]	생산

Chapter 12

☐ **plain** [plein] 형 ① 분명한, 명백한 ② 쉬운 ③ 못생긴 ④ 무늬가 없는
⑤ (음식 등이) 맛이 담백한, 향료가 안 든

☐ **powder** [páudər] 명 가루, 분말

☐ **flavor** [fléivər] 명 맛, 풍미 동 맛을 내다

☐ **proper** [prápər] 형 적합한, 알맞은

☐ **rich** [ritʃ] 형 ① 부유한, 돈 많은 ② 풍부한, 풍성한 ③ (음식이) 진한, 기름진

☐ **producer** [prədjúːsər] 명 ① 생산자, 생산 회사[국가] ② (영화·연극의) 제작자

☐ **contain** [kəntéin] 동 (용기, 장소가) ~을 담고 있다, 포함하다

☐ be known as ~로 알려져 있다

☐ be made of ~로 구성되다, ~로 만들어지다

☐ based on ~에 따라, ~에 의해

☐ include [inklúːd] 포함하다

☐ semisweet [sèmiswíːt] 약간 단맛이 나는

☐ bittersweet [bìtərswíːt] 씁쓸하면서 달콤한

☐ taste [teist] (~의) 맛이 나다

☐ smooth [smuːð] 부드러운

☐ blend [blend] 섞다, 섞이다

☐ milk powder 분유

☐ on the other hand 다른 한편으로는, 반면에

☐ type [taip] 유형, 종류

☐ mainly [méinli] 주로, 대부분은

☐ butter [bʌ́tər] 버터

☐ without [wiðáut] (사람이나 사물) 없이, ~이 없는

☐ **collection** [kəlékʃən] 명 ① 수집, 채집 ② 수집품, 소장품

☐ **argument** [áːrgjumənt] 명 말다툼, 논쟁

☐ **promise** [prámis]	동 약속하다, 서약하다 명 약속, 서약
☐ **international** [ìntərnǽʃənəl]	형 국제의, 국제적인
☐ **leader** [líːdər]	명 지도자, 대표
☐ **expert** [ékspəːrt]	명 전문가 형 전문가의, 전문적인

☐ museum [mjuːzíːəm]	박물관
☐ discover [diskʌ́vər]	발견하다, 찾아내다
☐ government [gʌ́vərnmənt]	정부, 정권
☐ get A back	A를 되찾다
☐ steal [stiːl]	훔치다, 도둑질하다
☐ refuse [rifjúːz]	거절하다, 거부하다
☐ solve [sɑlv]	풀다, 해결하다
☐ finally [fáinəli]	마침내
☐ agreement [əgríːmənt]	협정, 합의
☐ continue [kəntínjuː]	계속되다, 이어지다
☐ cultural [kʌ́ltʃərəl]	문화의, 문화적인
☐ object [ábdʒikt]	물건, 물체
☐ missing [mísiŋ]	사라진, 없어진
☐ pay attention to	~에 주목하다

04 | 소금을 내는 맷돌 p.114~117

☐ **direction** [dirékʃən]	명 방향
☐ **urge** [əːrdʒ]	동 ① 충고하다 ② 촉구하다
☐ **wealthy** [wélθi]	형 부유한, 재산이 많은
☐ **success** [səksés]	명 ① 성공, 출세 ② 성공한 사람[것]
☐ **envy** [énvi]	명 부러움, 시기, 질투 동 부러워하다
☐ **escape** [iskéip]	동 탈출하다 명 탈출
☐ **entire** [intáiər]	형 전체의

☐	laugh at	~을 비웃다
☐	innocent [ínəsənt]	순진한
☐	decision [disíʒən]	결심, 결정
☐	woodcutter [wúdkʌ̀tər]	나무꾼
☐	offer [ɔ́(ː)fər]	제공하다, 주다
☐	accept [əksépt]	받아들이다, 수락하다
☐	grant [grænt]	(소원 따위를) 들어주다
☐	steal [stiːl]	훔치다
☐	sink [siŋk]	가라앉다, 침몰하다
☐	legend has it (that)	전설에 따르면
☐	salty [sɔ́ːlti]	(맛이) 짠
☐	fill A with B	A를 B로 채우다

Chapter 07 Exercise

다음 우리말은 영어로, 영어는 우리말로 써보세요.

01 academic   → _____

02 career   → _____

03 request   → _____

04 clearly   → _____

05 steel   → _____

06 ride   → _____

07 location   → _____

08 beer   → _____

09 common   → _____

10 annual   → _____

11 slip   → _____

12 hold   → _____

13 international   → _____

14 opportunity   → _____

15 in return   → _____

16 (현재) 살아 있는; 생계, 살림,   → _____
    생활비; 생활, 살아가는 방식

17 해내다, 처리하다; 관리하다,   → _____
    감독하다

18 천재; 천부의 재능   → _____

19 (일반적인) 사람들; 민속의,   → _____
    전통적인

20 경관, 전망; 생각, 의견; 보다,   → _____
    둘러보다; 여기다, 생각하다

21 device → _____

22 rapidly → _____

23 forecast → _____

24 tradition → _____

25 compose → _____

26 success → _____

27 attract → _____

28 several → _____

29 notice → _____

30 provide → _____

31 ceremony → _____

32 conclude → _____

33 suffer → _____

34 still → _____

35 accept → _____

36 의무, 업무 → _____

37 지지하다, 응원하다; 후원하다, 지원하다; 지지, 지원 → _____

38 제공하다, 권하다; 제공, 제안 → _____

39 경관, 전망; 생각, 의견; 보다, 둘러보다; 여기다, 생각하다 → _____

40 제도, 체제, 시스템 → _____

Chapter 08 Exercise

다음 우리말은 영어로, 영어는 우리말로 써보세요.

01 invent → _____

02 current → _____

03 actually → _____

04 degree → _____

05 tax → _____

06 fault → _____

07 exactly → _____

08 publish → _____

09 introduce → _____

10 concern → _____

11 repeat → _____

12 misunderstand → _____

13 accidentally → _____

14 symbolize → _____

15 exchange → _____

16 사회의; 사교적인 → _____

17 연결하다, 잇다; 접속하다 → _____

18 부정적인, 나쁜; 부정, 거부 → _____

19 대화, 회화 → _____

20 행운; 부, 재산 → _____

21	laboratory	→	
22	weird	→	
23	crime	→	
24	price	→	
25	editor	→	
26	increase	→	
27	similar	→	
28	rude	→	
29	communicate	→	
30	illegally	→	
31	equal	→	
32	government	→	
33	manner	→	
34	unfriendly	→	
35	at first	→	
36	관심, 흥미; ~의 관심[흥미]을 끌다	→	
37	방지하다, 막다; 피하다, 회피하다	→	
38	똑바로, 곧장; 곧은, 일직선의; 솔직한	→	
39	간단한, 단순한; 소박한	→	
40	사회; 집단; 협회, 단체	→	

Chapter 09 Exercise

다음 우리말은 영어로, 영어는 우리말로 써보세요.

01 object →

02 sheet →

03 sticky →

04 flat →

05 influence →

06 traditional →

07 surroundings →

08 view →

09 symbol →

10 man-made →

11 site →

12 recognize →

13 convenient →

14 mash →

15 for a while →

16 대조, 대비; 대조하다, 대비시키다 →

17 거리 →

18 신문, 언론; (~을) 내리 누르다 →

19 필요한, 없어서는 안 될 →

20 교육 →

21 talented → _____

22 continue → _____

23 rise → _____

24 tight → _____

25 layer → _____

26 waste → _____

27 describe → _____

28 although → _____

29 carefully → _____

30 temperature → _____

31 professional → _____

32 landscape → _____

33 support → _____

34 pressure → _____

35 safety → _____

36 취소하다, 무효화하다 → _____

37 맞은편의; 정반대의; 반대 → _____

38 (사물의) 표면, 표층; 나타나다, 드러나다 → _____

39 자국, 얼룩; 기호, 표시; 표시하다 → _____

40 경계, 국경 → _____

Chapter 10 Exercise

다음 우리말은 영어로, 영어는 우리말로 써보세요.

01 suggest →

02 treat →

03 goods →

04 concept →

05 excellent →

06 truth →

07 dust →

08 aware →

09 situation →

10 patient →

11 various →

12 graduate →

13 dynasty →

14 offer →

15 rename →

16 제공하다, 주다 →

17 (~을 살) 여유[형편]가 되다; (부정문 · 의문문에서) ~을 할 수 있다; 주다, 제공하다 →

18 이해; 합의 →

19 도구, 연장 →

20 손바닥; 야자나무 →

21 value → _____

22 blend → _____

23 present → _____

24 link → _____

25 serve → _____

26 identify → _____

27 offer → _____

28 currency → _____

29 meal → _____

30 thief → _____

31 disappear → _____

32 represent → _____

33 verb → _____

34 gather → _____

35 except → _____

36 공급품, 용품; 공급하다, 지급하다 → _____

37 의심하다; 혐의자, 용의자 → _____

38 발명하다, 만들다 → _____

39 값, 가격; ~에 값을 매기다 → _____

40 의학의, 의료의 → _____

Chapter 11 Exercise

다음 우리말은 영어로, 영어는 우리말로 써보세요.

01 precious   → _____

02 acceptable   → _____

03 journey   → _____

04 gender   → _____

05 consider   → _____

06 gather   → _____

07 cheek   → _____

08 insult   → _____

09 settle   → _____

10 scholar   → _____

11 popular   → _____

12 develop   → _____

13 secret   → _____

14 honesty   → _____

15 accept   → _____

16 밀집한, 빽빽한, 밀도가 높은;   → _____
    (안개 등이) 자욱한, 짙은

17 행동, 태도   → _____

18 출판하다, 발행하다   → _____

19 세기, 100년   → _____

20 격렬한, 매서운; 맛이 쓴   → _____

21	encourage	→	
22	obvious	→	
23	climate	→	
24	concrete	→	
25	wonder	→	
26	recipe	→	
27	mass	→	
28	humid	→	
29	place	→	
30	explain	→	
31	actually	→	
32	tomb	→	
33	invention	→	
34	appear	→	
35	in turn	→	
36	총액, 액수; (무엇의) 양	→	
37	자신감; 신뢰, 믿음	→	
38	껴안다, 포옹하다; 껴안기, 포옹	→	
39	논평, 언급; 견해를 밝히다	→	
40	평균의; 보통의, 평범한; 보통, 평균	→	

Chapter 12 Exercise

다음 우리말은 영어로, 영어는 우리말로 써보세요.

01 direction →

02 success →

03 grant →

04 promise →

05 proper →

06 responsibility →

07 race →

08 escape →

09 producer →

10 competition →

11 widely →

12 innocent →

13 sink →

14 fill A with B →

15 continue →

16 전체의 →

17 교육의, 교육적인 →

18 (주변의) 환경; (자연) 환경 →

19 (용기, 장소가) ~을 담고 있다, 포함하다 →

20 말다툼, 논쟁 →

21 urge →

22 describe →

23 collection →

24 leader →

25 plain →

26 flavor →

27 rich →

28 wealthy →

29 unfairly →

30 rather than →

31 mainly →

32 include →

33 equal →

34 without →

35 powder →

36 국제의, 국제적인 →

37 전문가; 전문가의, 전문적인 →

38 부러움, 시기, 질투; 부러워하다 →

39 가루, 분말 →

40 천장 →

Answers for Exercise

Chapter 07 Exercise

01 학업의, 학교의 02 직업; 사회생활; 경력 03 요청, 요구; 의뢰서, 요구서; 요청하다, 신청하다 04 또렷하게, 선명하게; 분명히 05 철, 강철; 철강업 06 (자전거 · 오토바이 등을) 타다[몰다]; (차량 · 자전거 등을) 타고 달리기; (놀이동산 등에 있는) 놀이 기구 07 장소, 곳, 위치 08 맥주; 맥주 한 잔[병/캔] 09 흔한 10 매년의, 연례의; 연간의, 한 해의 11 미끄러지다; 빠져나가다 12 (회의·시합 등을) 열다, 개최하다 13 국제적인 14 기회 15 보급으로 16 living 17 manage 18 genius 19 folk 20 view 21 (기계적) 장치 22 빠르게, 급속히 23 예측, 보고 24 전통 25 구성하다, ~의 일부를 이루다; 문장을 짓다; 작곡하다 26 성공 27 마음을 끌다; (어디로) 끌어들이다, 끌어 모으다 28 (몇)몇의 29 알아채다, 인지하다; 주목하다; 통지, 통보; 주의, 주목 30 제공하다, 공급하다 31 식, 의식 32 결론을 내리다, 결론짓다; ~을 끝내다, 완료하다 33 (고통, 질병 등에) 시달리다, 고통받다 34 여전히, 아직(도) 35 (기꺼이) 받아들이다, 수락하다 36 duty 37 support 38 offer 39 view 40 system

Chapter 08 Exercise

01 발명하다, 창안하다 02 현재의, 지금의 03 실제로 04 (각도, 온도 단위인) 도; 학위 05 세금; 세금을 부과하다, 과세하다 06 잘못, 책임; 단점, 결점 07 정확히, 틀림없이 08 출판하다, 발행하다 09 소개하다 10 영향을 미치다, 관련되다; 우려, 걱정; 관심 11 (말 · 행동을) 반복하다, 되풀이하다; (다른 사람의 말을) 따라 하다; 반복 12 오해하다 13 우연히 14 상징하다, ~의 부호이다 15 교환하다, 주고받다 16 social 17 connect 18 negative 19 conversation 20 fortune 21 실험실 22 기이한, 이상한 23 범죄 24 값, 가격 25 편집자, 교정자 26 늘리다, 인상시키다; 증가, 인상 27 비슷한 28 무례한, 예의 없는 29 의사소통을 하다; (생각이나 느낌 등을) 전하다 30 불법적으로 31 동일한, 같은 32 정부, 정권 33 (일의) 방식; (사람의) 태도; 예의 34 비우호적인, 불친절한 35 처음에는 36 interest 37 avoid 38 straight 39 simple 40 society

Chapter 09 Exercise

01 물건, 물체 02 한 장, 한 판 03 끈적거리는 04 평평한; 바람이 빠진, 펑크 난 05 영향, 영향력; 영향을 미치다 06 전통의, 전통적인 07 환경 08 여기다, 생각하다 09 상징 10 사람이 만든, 인공의 11 위치, 장소 12 알아보다 13 편리한 14 으깨다 15 잠시(동안) 16 contrast 17 distance 18 press 19 necessary 20 education 21 재능이 있는, 유능한 22 계속되다, 지속하다 23 증가, 상승; 오르다, 증가하다 24 꽉 조이는, 단단한 25 층, 겹; 층층이 놓다, 겹겹이 쌓다 26 낭비하다, 허비하다; 낭비, 허비; 쓰레기 27 묘사하다, (말로) 설명하다 28 (비록) ~이긴 하지만 29 주의하여, 조심스럽게 30 온도, 기온 31 전문적인 32 풍경 33 부양하다, 살게 하다 34 압력 35 안전 36 cancel 37 opposite 38 surface 39 mark 40 border

Chapter 10 Exercise

01 제안하다, 제의하다; 추천하다 02 대하다, 대우하다; 대접하다; 치료하다, 처치하다 03 상품, 제품; 재산[소유물] 04 개념 05 훌륭한, 탁월한 06 사실, 진실 07 먼지, 티끌; 먼지를 털다 08 알고 있는, 알아차린 09 경우, 상황; 위치, 장소 10 환자; 참을성 있는, 인내심 있는 11 여러 가지의, 다양한 12 졸업하다 13 왕조 14 제안, 제의 15 이름을 다시 짓다 16 provide 17 afford 18 understanding 19 tool 20 palm 21 가치, 값어치; 값을 평가하다; 소중히 여기다 22 섞다, 혼합하다; 혼합, 조합 23 현재의; (사람이 특정 장소에) 있는; 선물; 현재; 주다; 제시[제출]하다; 보여주다 24 (사슬의) 고리; 연결, 유대; 연결하다, 연결시키다 25 (음식을) 제공하다; (조직·나라를) 위해 일하다, (사람을) 섬기다 26 (신원 등을) 확인하다[알아보다]; 찾다, 발견하다 27 제공하다 28 통화 29 식사, 끼니 30 도둑 31 사라지다 32 나타내다 33 동사 34 모으다 35 ~을 제외하고는 36 supply 37 suspect 38 invent 39 price 40 medical

Chapter 11 Exercise

01 소중한, 귀중한; (금전적 가치를 지닌) 값비싼, 귀한 02 받아들일 수 있는; (사회적으로) 용인되는 03 여행, 여정; 여행하다 04 성, 성별 05 사려하다, 숙고하다; ~로 여기다[생각하다] 06 모으다, 수집하다; 따다, 수확하다 07 볼, 뺨 08 모욕하다; 모욕 09 해결하다, 합의를 보다; 결정하다 10 학자 11 인기 있는, 대중적인 12 발달하다, 개발하다 13 비밀 14 정직 15 받아들이다, 인정하다 16 dense 17 behavior 18 publish 19 century 20 bitter 21 격려하다, ~의 용기를 북돋우다; 장려하다, 촉진하다, 조장하다 22 분명한, 명백한 23 기후; 분위기, 풍조 24 구체적인, 명확한; 콘크리트; 구체적 관념 25 궁금해하다, 알고 싶어 하다; 경이, 감탄 26 요리법, 조리법 27 덩어리; 다량, 다수; 대량의, 대규모의; 대중적인 28 습한 29 놓다, 두다 30 설명하다 31 실제로, 사실은 32 무덤 33 발명 34 등장하다, 나타나다 35 결국, 결과적으로 36 amount 37 confidence 38 hug 39 comment 40 average

Chapter 12 Exercise

01 방향 02 성공, 출세; 성공한 사람[것] 03 (소원 따위를) 들어주다 04 약속하다, 서약하다; 약속, 서약 05 적합한, 알맞은 06 책임, 책무, 의무 07 경주, 달리기 (시합); 인종, 종족 08 탈출하다; 탈출 09 생산자, 생산 회사[국가]; (영화·연극의) 제작자 10 경쟁; 대회, 시합 11 널리, 폭넓게; 대단히, 크게 12 순진한 13 가라앉다, 침몰하다 14 A를 B로 채우다 15 계속되다, 이어지다 16 entire 17 educational 18 environment 19 contain 20 argument 21 충고하다, 촉구하다 22 설명하다, 묘사하다 23 수집, 채집; 수집품, 소장품 24 지도자, 대표 25 분명한, 명백한; 쉬운; 못생긴; 무늬가 없는; (음식 등이) 맛이 담백한, 향료가 안든 26 맛, 풍미; 맛을 내다 27 부유한, 돈 많은; 풍부한, 풍성한; (음식이) 진한, 기름진 28 부유한, 재산이 많은 29 불공평하게 30 ~보다는 31 주로, 대부분은 32 포함하다 33 동등한 34 (사람이나 사물) 없이, ~이 없는 35 가루, 분말 36 international 37 expert 38 envy 39 powder 40 ceiling